新版

文書類型でわかる

印紙税の課否判断ガイドブック

税理士 山端美徳 著

清文社

はしがき

　印紙税は、経済取引等に関連して作成される文書のうち、20種類の文書が課税文書として列挙されており、その作成される文書が課税文書に当たるのかどうかについては、自ら課税文書に当たるのかどうかを判断し、納税することとされている。

　しかしながら、印紙税法は税法のなかでも条文が少なく、簡潔な法律となっているものの、民法、商法及び会社法等の法律を根拠として解答を導く場合や、取引の商慣習等を前提として考える場合など、印紙税の課否を自ら判断することは容易ではなく、とてもわかりにくいといわれている。

　そのため、印紙税の調査において不納付の指摘を受け、取扱いの説明を受けてから、はじめて印紙税について理解する方も見受けられる。1通が200円であったとしても文書数が多量になれば多額の過怠税が発生し、印紙税として納付すれば損金として処理されたものが、過怠税となると全額が損金不算入となってしまうのである。

　昨今の状況は、書面、押印、対面を原則とした制度、慣行、意識をデジタル技術の積極的活用により転換が図られつつあり、今後、契約書等の文書が書面でなく電子媒体による契約形態が主流となることが考えられる。しかし、そうはいっても明治から続く慣習が直ぐに皆無になることも考えにくい。

　そこで今回は、本書のもととなっているWeb情報誌「Profession Journal」（株式会社プロフェッションネットワーク）の連載記事「〈Q＆A〉印紙税の取扱いをめぐる事例解説」の連載記事から、取扱い事例の追加の他、申告特例の各種申請書、申告書の書き方や裁決事例等も取り入れて実務においてわかりやすくした。

　本書が皆様方にとって、印紙税に関する基礎知識の習得にお役立てるものになれば幸いである。なお、本書の意見等は執筆者の私見であり、税務

当局の確定した見解ではないことをあらかじめご了承いただきたい。

　最後にProfession Journal連載記事の編集者として、的確なアドバイスをいただいている同誌編集者の坂田啓氏、村上遼氏にこの場を借りてお礼を申し上げたい。

　　2020年11月

山 端 美 徳

目次

第1章 印紙税に関する基本的な事項 …… 1

1. 印紙税とは　3
2. 課税文書・非課税文書・不課税文書　4
3. 課税文書に該当するかどうかの判断　6
4. 契約書の意義　7
5. 文書の所属　8
6. 記載金額　13
7. 納税義務者等　16
8. 納付の方法　19
9. 過誤納金の還付等　20
10. 過怠税　22
11. 印紙税調査　23
12. 誤りの多い事例　28

第2章 課税物件表の解説 …… 31

第3章 印紙税 Q&A …… 55

- Q1 同一書式で記載方法により課否が異なる事例　57
- Q2 契約書のコピーに原本と割印した文書　61
- Q3 作成した文書を電子メールで送信した場合　65

- **Q4** 印紙の消印の方法　68
- **Q5** 納税義務の成立の時及び納税義務者　71
- **Q6** 見積書等に基づく注文書　74
- **Q7** 袋綴じされた基本契約書と覚書　78
- **Q8** 国外で作成される契約書　82
- **Q9** 税理士等が作成する文書　85
- **Q10** 公益法人が作成する契約書等　89
- **Q11** 国等と締結した清掃業務委託契約書　93
- **Q12** 変更契約書を作成した場合の記載金額等　96
- **Q13** 外国通貨により表示された記載金額等　102
- **Q14** 契約金額等の計算をすることができる場合　104
- **Q15** 誤って納付した印紙税の還付　108
- **Q16** 印紙税過誤納確認申請書の書き方　112
- **Q17** 書式表示による納付　117
- **Q18** 印紙税書式表示承認申請書及び納税申告書の書き方　121
- **Q19** 印紙税納付計器による納付　126
- **Q20** 印紙税納付計器設置承認申請及び印紙税納付計器使用請求書の書き方　129
- **Q21** 税印押なつによる納付　135
- **Q22** 印紙税税印押なつ請求書の書き方　138
- **Q23** 印紙税一括納付承認申請手続きの改正（平成30年度税制改正）　142
- **Q24** 印紙税一括納付承認申請書及び納税申告書の書き方　145
- **Q25** 一の契約書で課税物件表の複数の号に該当した場合　149
- **Q26** 原契約が課税物件表の複数の号に該当した場合の変更契約書　152
- **Q27** 一括値引きした場合の契約書等の記載金額　156
- **Q28** 土地交換契約書　160

- Q29 土地の賃貸借変更契約書　164
- Q30 贈与契約書　168
- Q31 駐車場賃貸借契約書　171
- Q32 借地権譲渡契約書　174
- Q33 主たる債務の契約書に追記した債務の保証に関する契約書　177
- Q34 極度貸付契約書の記載金額　180
- Q35 建設協力金、保証金の受入れのある賃貸借契約書　183
- Q36 利率変更契約書　186
- Q37 会社と従業員との間で作成する金銭借用証書等　189
- Q38 運送に関する契約書　193
- Q39 送り状　196
- Q40 記載金額1万円未満の第1号又は第2号文書　200
- Q41 建設工事の請負とその他の事項が記載されている契約書　204
- Q42 当初交わした請負契約で定めた単価の変更があった場合　207
- Q43 取付工事を伴う機械の売買契約　211
- Q44 住宅リフォーム工事申込書　215
- Q45 一の文書とは　220
- Q46 建築士法第22条の3の3の規定に基づき作成した設計・工事監理受託契約変更書面　224
- Q47 バナー広告掲載契約書　228
- Q48 売買基本契約書　231
- Q49 契約上の地位を譲渡する場合の契約書　235
- Q50 単価決定通知書　238
- Q51 継続的取引の基本となる契約書の要件の契約期間が3か月を超えるものとは　241
- Q52 産業廃棄物処理に係る契約書　245
- Q53 取扱数量を定める契約書　250

- Q54 継続的取引の基本となる契約書の範囲で定める『単価』、『対価の支払方法』とは　253
- Q55 リベート支払に関する覚書　256
- Q56 販売協力金の支払に関する覚書　259
- Q57 連帯保証に係る承諾書　261
- Q58 寄託契約と金銭の受取書　265
- Q59 売掛債権譲渡契約書　271
- Q60 課否判定のチェックポイント　274
- Q61 受取金額5万円未満の非課税文書の考え方　278
- Q62 個人が賃貸用財産を譲渡した際の領収書　281
- Q63 受取金額の一部に売上代金を含む受取書　284
- Q64 相殺等に係る領収書　288
- Q65 権利金等の受領がある建物賃貸借契約書　292
- Q66 仮領収書等　295
- Q67 介護サービス利用料金に係る領収書　300
- Q68 デビットカード取引による領収書　303
- Q69 金銭の受取通帳と判取帳とは　306
- Q70 印紙税法第14条《過誤納の確認等》に規定する確認を受けることができるか争われた事例（平成12年1月26日裁決）　310
- Q71 第17号文書の非課税規定にある「営業に関しない受取書」に該当するか否かが争われた事例（平成18年9月29日裁決）　313
- Q72 印紙税法上の「判取帳」（第20号文書）に該当するか否かが争われた事例（平成26年10月28日裁決）　316
- Q73 自然災害等により被害を受けられた方が作成する契約書の非課税措置　319
- Q74 消費税率等引き上げに伴い作成される消費税額等増額分に係る変更契約書①　324

Q75 消費税率等引き上げに伴い作成される消費税額等増額分に
係る変更契約書②　327

■ 印紙税法基本通達別表第二　重要な事項の一覧表 ……………… 331
■ 印紙税額一覧表 …………………………………………………… 333

凡　例

法 ……………	印紙税法
令 ……………	印紙税法施行令
規則 …………	印紙税法施行規則
課税物件表 ……	印紙税法別表第一課税物件表
通則 …………	印紙税法別表第一課税物件表の適用に関する通則
基通 …………	印紙税法基本通達
基通別表一 ……	印紙税法基本通達別表第一課税物件、課税標準及び税率の取扱い
基通別表二 ……	印紙税法基本通達別表第二重要な事項の一覧表
租特法 ………	租税特別措置法
租特令 ………	租税特別措置法施行令

＊本書は、令和2年11月1日現在の法令等によっています。
＊本書の「参考」は、一部要約をしている箇所があります。

第 1 章

印紙税に関する基本的な事項

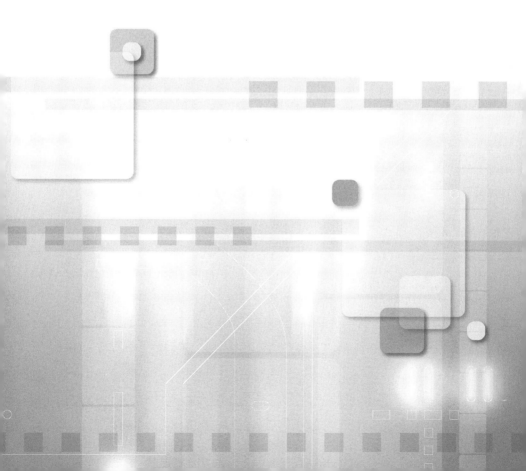

1 印紙税とは

　印紙税とは、日常の経済取引に伴って契約書や領収書等の文書を作成した場合、印紙税法に基づき、その文書に課される税金であり、「文書税」といわれている。

　つまり、文書を作成しなければ印紙税が課されることはなく、逆に1つの取引に際して契約書等を数通、数回作成すれば、何通、何回でも課税されることとなる。

　また、印紙税法は全文24条と、税法のなかでも条文も少なく簡潔な法律となっている。しかし、民法、商法、会社法等の法律を根拠として取扱いが決定する場合や、取引の商慣習を前提として考える場合など、印紙税の課否判定を行うことは容易ではない。

　そのため、契約書や領収書に収入印紙を貼付しなければいけないことは広く知られているところではあるが、適正な取扱いを理解せず、税額表に記載されている文書の名称で判断し、処理を行っている事例が多々見受けられる。

　さらに、印紙税は文書の作成者が自主的に文書の課否判定を行い、税額の算出をして納税する自主納税方式をとっているため、所定の納税がなされていない場合は、行政上の制裁としての性格を有する過怠税が徴収される。

　印紙税として納付するのであれば、法人税の損金や所得税の必要経費として処理できるものが、不納付による過怠税として納付することになれば、全額損金あるいは必要経費には算入されなくなってしまう。

　このようなことがないよう、印紙税を正しく理解し、不明な点は税務署において事前に確認するなどの措置を行うことが必要である。

2 課税文書・非課税文書・不課税文書

【課税文書】

印紙税が課される文書（課税文書）とは、次の①から③までのすべてに当てはまる文書をいう。

① 印紙税法別表第一課税物件表に掲げられている20種類の項目により証される課税事項が記載されている文書
② 当事者の間において課税事項を証明する目的で作成された文書
③ 印紙税法第5条《非課税文書》の規定により印紙税を課さないこととされる文書以外の文書

【非課税文書】

非課税文書とは、印紙税法別表第一課税物件表に掲げられている文書のうち、次のいずれかに当てはまる文書をいう。

① 印紙税法別表第一課税物件表の非課税物件欄に掲げる文書
② 国、地方公共団体又は印紙税法別表第二に掲げる者が作成する文書

印紙税法別表第二　非課税法人の表（第5条関係）（抜粋）	
名　称	根　拠　法
沖縄振興開発金融公庫	沖縄振興開発金融公庫法 （昭和47年法律第31号）
株式会社国際協力銀行	会社法及び株式会社国際協力銀行法 （平成23年法律第39号）

③ 印紙税法別表第三に掲げる文書で、同表に掲げる者が作成する文書

印紙税法別表第三　非課税文書の表（第5条関係）（抜粋）	
文　書　名	作　成　者
国庫金又は地方公共団体の公金の取扱いに関する文書	日本銀行その他法令の規定に基づき国庫金又は地方公共団体の公金の取扱いをする者
清酒製造業等の安定に関する特別措置法（昭和45年法律第77号）第3条第1項第1号《中央会の事業の範囲の特例》の事業に関する文書	同法第2条第3項《定義》に規定する中央会

④ 印紙税法以外の特別の法律により非課税となっている文書

例）　健康保険法（大正11年法律第70号）
（印紙税の非課税） 第195条　健康保険に関する書類には印紙税を課さない。

例）　労働者災害補償保険法（昭和22年法律第50号）
（印紙税の非課税） 第44条　労働者災害補償保険に関する書類には、印紙税を課さない。

【不課税文書】

　不課税文書とは、印紙税法別表第一課税物件表に掲げられていない文書、すなわち課税文書、非課税文書に該当しない文書をいう。

3 課税文書に該当するかどうかの判断

　契約書のような文書は、作成者が自由に作成することができることから、その内容は様々である。したがって、作成した文書が課税文書に該当するかどうかについては、その文書に記載されている個々の事項すべてを検討したうえで判断しなければならない。また、文書の内容判断においては、その名称や呼称及び形式的な記載文言だけで行うのではなく、その文書に記載されている文言、符号等の実質的な意義を考えながら行う必要がある。

　実質的な意義の判断は、その文書に記載又は表示されている文言や符号等を基礎として、その文言、符号等を用いることについての関係法律の規定、当事者間の了解や、基本契約又は慣習等を加味しながら、総合的に行う。

　例えば、その文書に取引金額の記載はないが、文書に記載されている単価、数量、記号等により、当事者間において取引金額が計算できる場合はそれを記載金額とする。また、納品書などに「相済」、「完了」等の表示があり、その表示が売掛金の領収をしたことについての当事者間の了解事項に基づくものであれば、その文書は売上代金の受取書に該当することとなる。

　というように、印紙税は契約書等の文書に記載された内容によって取扱いが異なるので、くれぐれも名称だけで判断することのないよう留意しなければならない。

4 契約書の意義

　課税物件表に掲げられている文書の種類として、例えば、第2号文書では「請負に関する契約書」とされている。そのため、契約書という名称でなければ印紙税の課税文書に該当しないのではないかと疑問をもつ方もいるが、印紙税法上の契約書は、一般的にいわれている契約書より広義なものとなっている。

　印紙税法上の契約書に関する留意点は次のとおりである。

① 文書の名称は問わない（契約証書、協定書、約定書、覚書、確認書等、名称は問わない。）。

② 契約当事者の間において契約の成立若しくは更改又は契約の内容の変更若しくは補充の事実を証明する目的で作成される文書である。

③ 契約の予約も印紙税法上の契約書に含まれる。

④ 念書や請書等の当事者の一方のみが作成する文書で、当事者間の了解や商慣習に基づき契約の成立を証明する文書も印紙税法上の契約書に含まれる。

⑤ 契約当事者の全部若しくは一部の署名を欠く文書で、当事者間の了解や商慣習に基づき契約の成立を証明する文書も印紙税法上の契約書に含まれる。

⑥ 解約合意書など、契約の消滅の事実のみを証明する目的で作成される文書は含まれない。

　契約とは、互いに対立する2以上の意思表示の合致、すなわち一方の申込みと他方の承諾によって成立する法律行為であり、契約書とは、その2以上の意思表示の合致の事実を証明する目的で作成される文書である。

5 文書の所属

　印紙税は、課税物件表に掲げられている第1号から第20号の文書に対して課され、所属によって印紙税額も変わってくる。したがって、何号文書に該当するかの判定（文書の所属の決定）は、印紙税額の算出において非常に重要である。

(1)　一の文書において単一の号の課税事項のみが記載されている場合、該当する課税事項の属する号の文書として、所属が決定される。

> 例）・　土地の売買契約書　→　第1号の1文書
> 　　・　A土地＋B土地の売買契約書　→　第1号の1文書

(2)　一の文書に課税事項が2以上あり、それらが異なった号の課税事項である場合には、通則3の規定に従って選択した1つの号に属する文書として、所属が決定される。

> 例）・　不動産及び売掛債権の譲渡契約書（第1号の1文書と第15号文書）
> 　　　　　→　第1号の1文書

　通則3の規定（原則）は次のとおりである。
①　該当する号のうち税率の最も高い文書に所属させる。
②　税率が同じ場合は先に掲げられている号の文書に所属させる。
③　証書と通帳の双方に該当する場合、通帳の号の文書に所属させる。
　具体的には以下のとおりとなる。

① 第1号文書と第3号から第17号までの文書とに該当する文書（通則3イ）

（注）　③又は④に該当する文書を除く。

② 第2号文書と第3号から第17号までの文書とに該当する文書（通則3イ）

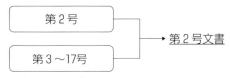

（注）　③又は④に該当する文書を除く。

③ 第1号又は第2号文書で、契約金額の記載のないものと第7号文書に該当する文書（通則3イただし書き）

④ 第1号又は第2号文書と第17号の1文書とに該当する文書のうち、売上代金に係る受取金額が100万円を超えるものの記載があるもので、その金額が第1号若しくは第2号文書についての契約金額を超えるもの又は第1号若しくは第2号文書についての契約金額の記載のないもの（通則3イただし書き）

⑤ 第1号文書と第2号文書に該当する文書（通則3ロ）

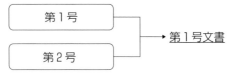

　（注）　⑥に該当する文書を除く。

⑥ 第1号文書と第2号文書とに該当する文書で、それぞれの契約金額が区分記載されていて、第2号文書についての契約金額が第1号文書についての契約金額を超える文書（通則3ロただし書き）

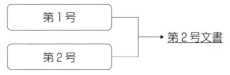

　（注）　第2号の契約金額が第1号の契約金額を超えるもの

⑦ 第3号から第17号までの2以上の号に該当する文書（通則3ハ）

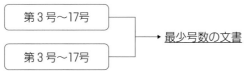

　（注）　⑧に該当する文書を除く。

⑧ 第3号から第16号までの文書と第17号の1文書とに該当するもののうち、売上代金に係る受取金額が100万円を超える記載がある文書（通則3ハただし書き）

⑨　第1号から第17号までの文書と第18号から第20号までの文書とに該当する文書（通則3ニ）

（注）　⑩、⑪又は⑫に該当する文書を除く。

⑩　第1号文書で契約金額が10万円⁽*⁾を超えるものと第19号又は第20号文書とに該当する文書（通則3ホ、租特法91④）

（注）　第19号又は第20号の通帳等に、契約金額10万円⁽*⁾を超える第1号の課税事項の付け込みをしたものも含まれる。

＊　平成26年4月1日以後に作成された文書で印紙税の軽減措置が適用される第1号の1文書である場合には、50万円となる。

⑪　第2号文書で契約金額が100万円⁽*⁾を超えるものと第19号又は第20号文書とに該当する文書（通則3ホ、租特法91④）

（注）　第19号又は第20号の通帳等に、契約金額100万円⁽*⁾を超える第2号の課税事項の付け込みをしたものも含まれる。

＊　平成26年4月1日以後に作成された文書で印紙税の軽減措置が適用される第2号文書である場合には、200万円となる。

⑫　第17号の１文書で売上代金の受取金額が100万円を超えるものと第19号又は第20号文書に該当する文書（通則３ホ）

　（注）　第19号又は第20号の通帳等に、100万円を超える売上代金の受領事実の付け込みをしたものも含まれる。

⑬　第18号文書と第19号文書とに該当する文書（基通11②）

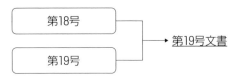

6 記載金額

　納付すべき印紙税の額は、課税物件表に記載されているが、内容にかかわらず定額であるものや、契約書の内容や契約金額、受取金額等によって印紙税額が異なるものがある。また、1通当たりの印紙税額も、200円から60万円までと幅広くなっており、記載金額の算出方法を理解することは特に重要である。

　印紙税における記載金額とは、契約金額、券面金額、その他その文書が証明する事項に関する金額として、その文書に記載された金額をいうが、記載された金額とは、契約金額等が具体的に記載された場合に限らず、単価、数量、記号等が記載されていて計算できる場合も含まれる。また、第1号、第2号及び第17号文書については、その文書に金額そのものの記載がなくても、他の文書を引用している場合などは記載金額の記載のある文書となることがある。

【記載金額の計算】（基通24）

(1) 一の文書に同一の号の記載金額が2以上ある場合……合計額が記載金額
　　例）1通の請負契約書にA工事300万円、B工事500万円と契約金額が記載されている場合⇒（第2号文書）記載金額800万円
(2) 一の文書に2以上の号の課税事項が記載されている場合
　　① その記載金額をそれぞれの課税事項ごとに区分することができる場合……その文書の所属することとなる号の課税事項に係る記載金額
　　　例）不動産及び債権の売買契約書：不動産600万円、債権300万円（第

1号の1と第15号）⇒（第1号の1文書）記載金額600万円

② その記載金額をそれぞれの課税事項ごとに区分することができない場合……記載金額

例）不動産及び債権の売買契約書：不動産及び債権900万円（第1号の1と第15号）⇒（第1号の1文書）記載金額900万円

(3) 第17号の1文書で、記載金額を売上代金に係る金額とその他の金額とに区分することができる場合……売上代金に係る記載金額

例）貸付金元本と利息の受取書：貸付金元本300万円、貸付金利息20万円（第17号の2と第17号の1）⇒（第17号の1文書）記載金額20万円

(4) 第17号の1文書で、記載金額を売上代金に係る金額とその他の金額とに区分することができない場合……記載金額

例）貸付金元本と利息の受取書：貸付金元本及び貸付金利息320万円（第17号の2と第17号の1）⇒（第17号の1文書）記載金額320万円

(5) 記載された単価及び数量、記号その他により記載金額を計算することができる場合……計算により算出した金額

例）物品加工契約書：A物品単価1,000円、数量10,000個⇒（第2号文書）記載金額1,000万円

(6) 第1号文書又は第2号文書で、当該文書に係る契約についての契約金額若しくは単価、数量、記号その他の記載のある見積書、注文書その他これらに類する文書（課税物件表に掲げる文書を除く。）の名称、発行の日、記号、番号その他の記載があることにより、当事者間において契約金額が明らかである場合又は計算できる場合……その明らかである金額又は計算により算出した金額

例1）契約金額が明らかな場合……注文書記載の請負金額

「請負金額は貴注文書第××号のとおりとする。」と記載されている工事請負に関する注文請書で、注文書に記載されている請負金額が300万円⇒（第2号文書）記載金額300万円

例2）契約金額の計算をすることができる場合……注文書記載の数量、

単価の計算により算出

　　「加工数量及び加工単価は貴注文書第××号のとおりとする。」と記載されている物品の委託加工に関する注文請書で、注文書に記載されている数量が1万個、単価が500円⇒（第2号文書）記載金額500万円

例3）契約金額の計算ができない場合……引用元が課税文書のため、加工料の引用ができない。

　　「加工数量は1万個、加工料は委託加工基本契約書のとおりとする。」と記載されている物品の委託加工に関する注文請書⇒（第2号文書）記載金額なし

(7) 第17号の1文書であって、受け取る有価証券の発行者の名称、発行の日、記号、番号その他の記載があることにより、当事者間において売上代金に係る受取金額が明らかである場合……その明らかである受取金額

例）物品売買代金の受取書：○○㈱発行のNo.××の小切手と記載した受取書⇒（第17号の1文書）小切手の券面金額

(8) 第17号の1文書であって、受け取る金額の記載のある支払通知書、請求書その他これらに類する文書の名称、発行の日、記号、番号その他の記載があることにより、当事者間において売上代金に係る受取金額が明らかである場合……その明らかである受取金額

例）請負代金の受取書：○○㈱発行の支払通知書No.××と記載した受取書⇒（第17号の1文書）支払通知書の記載金額

(9) 記載金額が外国通貨により表示されている場合……文書作成時の本邦通貨に換算した金額（文書作成時の基準外国為替相場又は裁定外国為替相場により換算）

例）契約金額10,000米ドルと記載したもの（令和○年○月作成文書）⇒記載金額　107万円

　　（注）基準外国為替相場及び裁定外国為替相場：令和○年○月適用米ドル107円

7 納税義務者等

　印紙税の納税義務は、課税文書が作成された時に成立し、課税文書の作成者が、その作成した課税文書について印紙税を納める義務がある。

　なお、一の課税文書を2以上の者が共同して作成した場合には、2以上の者は、その作成した課税文書について、連帯して印紙税を納める義務がある。この場合、そのうちの1人がその課税文書に係る印紙税を納めたときには、他の者の納税義務は消滅する。

　課税文書の作成とは、単なる課税文書の調製行為をいうのではなく、課税文書となるべき用紙等に課税事項を記載し、これを文書の目的に従って行使することをいう。

　課税文書の作成の時とは、行使の態様によって以下のとおりである。

区　　分	作成の時	文　書　例
相手方に交付する目的で作成される課税文書	交付の時	受取書、請書、差入書等
契約当事者の意思の合致を証明する目的で作成される課税文書	証明の時	契約書、協定書、覚書等
一定事項の付け込みを証明することを目的として作成される課税文書	最初の付け込みの時	預貯金通帳、その他の通帳、判取帳
認証を受けることにより効力が生ずることとなる課税文書	認証の時	定款
第5号文書のうち新設分割計画書	本店に備え置く時	新設分割計画書

【課税文書の作成者】

課税文書の作成者とは、次の者をいう。

① 法人、人格のない社団若しくは財団（以下「法人等」という。）の役員（人格のない社団又は財団にあっては、代表者又は管理人をいう。）又は法人等若しくは人の従業者がその法人等又は人の業務又は財産に関し、役員又は従業員の名義で作成する課税文書の場合は法人等又は人が作成者となる。

② ①以外の課税文書の場合は、その課税文書に記載された作成名義人が作成者となる。

なお、委任に基づく代理人が委任事務の処理に当たり、代理人名義で作成する課税文書については、委任者の名義が表示されているものでも、代理人が作成者となる。ただし、代理人が作成する課税文書であっても、委任者名のみを表示する文書については、委任者が作成者となる。

【収入印紙により納付された文書の納税地】（令4）

納税地は過怠税の賦課決定及び過誤納の確認等の処理を行う税務署を決定する際に必要となる。

収入印紙により納付された文書の納税地の特定方法は以下のとおりである。

① 課税文書に作成場所が明らかにされているもの⇒その作成場所

 （注）　作成場所が明らかにされている課税文書とは、いずれの税務署の管轄区域内であるかどうかが判明しうる程度の場所の記載があるものをいう。

 例）○「作成地　東京都中央区新富」
   ×「作成地　東京都」（いずれの税務署の管轄区域内かわからない。）

② 課税文書に作成場所が明らかにされていないもの

イ　単独作成の場合

 i　作成者の事業に係る事務所、事業所その他これらに準ずるものの所在地が記載されている課税文書⇒その所在地

(注)　課税文書に作成者の本店、支店、工場等の名称が記載され、いずれの税務署の管轄区域内であるかどうかが判明しうる程度の所在地の記載があるものをいう。
　　　例）○　「東京都中央区新富　○○工業株式会社」
　　　　　×　「東京都　○○工業株式会社」（いずれの税務署の管轄区域内かわからない。）

　ⅱ　その他の課税文書⇒課税文書の作成の時における作成者の住所（住所がない場合には、居所）
ロ　2以上の者が共同して作成した課税文書
　ⅰ　その作成者が所持している課税文書⇒所持している場所
　ⅱ　その作成者以外の者が所持している課税文書⇒作成者のうち、その課税文書に最も先に記載されている者の所在地又は住所

【収入印紙による納付以外の納税地】

① 　書式表示による申告納付の特例、預貯金通帳等に係る申告及び納付等の特例の承認を受けた課税文書⇒承認をした税務署長の所属する税務署の管轄区域内の場所（法6一）
② 　税印による納付の特例の請求に係る課税文書⇒請求を受けた税務署長の所属する税務署の管轄区域内の場所（法6二）
③ 　印紙税納付計器の使用により、印紙税に相当する金額を表示して、納付印を押印する課税文書⇒印紙税納付計器の設置場所（法6三）

8 納付の方法

印紙税の納付には以下の方法がある。
① 収入印紙による納付（原則）……課税文書の作成の時までに、課税文書に収入印紙を貼り付け、その文書と収入印紙の彩紋とにかけて消印することにより納付する方法
② 税印押なつによる納付……税印押なつ機が設置してある税務署（全国で118署）で、印紙を貼り付けることに代えて、事前に金銭を納付のうえ、税印を押すことにより納付する方法
③ 印紙税納付計器の使用による納付……印紙税納付計器を設置しようとする場所の所在地の所轄税務署長の承認を受けた後、あらかじめ納付した金額を限度として、印紙を貼り付けることに代えて、印紙税納付計器により納付印を押すことにより納付する方法
④ 書式表示による納付……領収書等毎月継続して多量に作成されるものなどは、一定の条件のもと、課税文書を作成しようとする場所の所在地の所轄税務署長の承認を受けて、金銭でその文書に係る印紙税を納付する方法
⑤ 預貯金通帳等に係る一括納付……特定の預貯金通帳等を作成しようとする場所の所在地の所轄税務署長の承認を受けて、金銭でその預貯金通帳等に係る印紙税を一括して納付する方法。
（注）承認を受けようとする課税期間（4月1日から翌年3月31日までの期間）の開始前に承認を受ければ（承認申請書は3月15日までに提出）、その承認の日以後の各課税期間内に作成する預貯金通帳等について、一括納付の特例が適用されるため、承認内容に変更がなければ承認申請書を次年度以降提出する必要はない。また、承認を受けた後は毎年4月1日現在の口座数を基に4月末日までに納税申告書を税務署長に提出し、納付することとなる。

9 過誤納金の還付等

　印紙税を納付する必要のない文書に誤って印紙を貼り付けて印紙税を納付した場合や、課税文書に誤って所定の印紙税額を超える収入印紙を貼付してしまった場合、また、税印押なつ又は印紙税納付計器の使用により印紙税を過誤納付した場合には、一定要件のもとで還付あるいは充当を受けることができる。

【還付や充当の請求ができる過誤納金の範囲】（基通115）

① 印紙税の納付の必要がない文書に誤って印紙を貼り付け（印紙により納付することとされている印紙税以外の租税又は国の歳入金を納付するために文書に印紙を貼り付けた場合を除く。）、又は納付印を押した場合

② 印紙を貼り付け、税印を押し、又は納付印を押した課税文書の用紙で、損傷、汚染、書損その他の理由により使用する見込みのなくなった場合

③ 印紙を貼り付け、税印を押し、又は納付印を押した課税文書で、納付した金額が相当金額を超える場合

④ 税印による納付の特例、印紙税納付計器の使用による納付の特例、書式表示による申告及び納付の特例、又は預貯金通帳等に係る申告及び納付の特例の適用を受けた課税文書について、これら各項に規定された納付方法以外の方法によって相当金額の印紙税を納付した場合

⑤ 税印による納付の特例を受けるために印紙税を納付した場合において、税印を押すことの請求をしなかったとき、又は請求が棄却されたとき

⑥　印紙税納付計器の設置者が、交付を受けた課税文書に納付印を押すことについての承認を受けないで、交付を受けた課税文書に納付印を押した場合
⑦　印紙税納付計器の使用による納付計器の特例を受けるため印紙税を納付した場合において、印紙税納付計器の設置の廃止その他の理由により印紙税納付計器を使用しなくなったとき

【手続き】

　文書の種類、納付税額、過誤納税額などを記載した「印紙税過誤納確認申請（充当請求）書」（3枚複写）、過誤納となっている文書を、過誤納となっている文書を作成した日から5年以内にその印紙税の納税地の所轄税務署長に提出し、印紙税の過誤納の事実の確認を経て、還付（充当）を受けることとなる。

10 過怠税

　収入印紙を貼り付ける方法によって印紙税を納付することとなる文書に、課税文書の作成者がその納付すべき印紙税を課税文書の作成の時までに納付しなかった場合、過怠税が徴収される。
　過怠税は態様により、以下の3種類に分類される。

【過怠税の種類】（法20）

① 作成の時までに納付しなかった場合……納付しなかった印紙税の額とその2倍に相当する額の合計額（印紙税額の3倍）に相当する過怠税
② 税務調査等により過怠税の決定があることを予知されたものでなく、作成者が自主的に納付していない旨の申出を行った場合……納付しなかった印紙税額とその10％に相当する額の合計額（印紙税額の1.1倍）に相当する過怠税
③ 貼り付けた収入印紙に消印をしなかった場合……消印されていない収入印紙の額面金額と同額の過怠税

　①と③の場合において、過怠税の合計額が1,000円に満たないときは、1,000円となる。
　なお、過怠税はその全額が法人税の損金や所得税の必要経費に算入することができない。

11 印紙税調査

　印紙税の調査は、国税局又は税務署の調査担当者が、調査対象先において日常作成されている文書を把握し、その文書に対する課否判定を行い、適正に収入印紙が貼付されているかどうかの確認が行われる。

[印紙税調査の方法]
　印紙税調査の方法は印紙税の調査のみを行う「印紙税単独調査」と所得税や法人税等の調査時に併せて行う「印紙税同時処理」に分けられる。

[調査の対象者]
(1)　印紙税単独調査
　「印紙税単独調査」は以下の法人等が対象となる。
① 　原則として、資本金の額が1億円以上の法人や売上規模の大きい法人等
② 　使用済み収入印紙の再使用等の悪質と認められる者や納付を怠っている者
③ 　法第11条第1項における書式表示による印紙税の申告及び納付の特例を受けている者等、印紙税における申告・納付を行っている者
(2)　印紙税同時処理
　「印紙税同時処理」は所得税、法人税等の税務調査時に同時に実施されるものである。

[印紙税調査の担当者]

(1) 国税局職員が調査する納税者

　原則として資本金50億円以上の法人や資本金50億円未満の企業であって国税局長が特に指定する法人等（課税文書の作成が多量にあると認められる法人等）。

(2) 税務署の職員が調査する納税者

　(1)の国税局職員が調査する納税者以外の法人等。

[調査の方法]

○ 印紙税単独調査は、印紙税に特化した調査であるため、同時処理と相違し、深度ある調査が行われる。

　① 会社案内、組織図等から、会社の概況、各部署の業務内容を確認し、課税文書が作成されていると想定される文書を把握し、担当者への聴き取り等を行う。

　② 決算書、稟議書等の帳簿書類等から、資産の売買状況や取引先の把握を行い、それに基づく契約書やその他の書類作成がないかどうか確認する。

　③ 社内規則、文書規程、様式集、印鑑押印簿などから文書の作成状況を把握し、課税文書に該当するような書類がないか確認する。

　④ 得意先から交付を受ける文書に対して、課税文書に該当するものがないか確認する。

　⑤ 収入印紙の購入使用状況と契約書等の作成状況を比較し、収入印紙の貼付漏れがないか確認を行う。

○ 印紙税同時処理は、所得税、法人税等の税務調査時に併せて、印紙税について同時に調査を行うこととなるため、契約書等への収入印紙の貼付状況についての確認が行われる。

　なお、同時処理時に、多数の不納付が把握された際や、悪質な事例の場合は単独調査に切り替えられる場合がある。

[調査の処理]

不納付が把握された場合は、納付しなかった印紙税の3倍又は1.1倍の過怠税が賦課決定される。なお、法第11条又は第12条による申告納税方式による場合は、修正申告又は更正による処理となる。また、不正の行為により印紙税を免れるような場合には罰則規定が設けられているなど、厳しい処分となっている。

不納付の指摘を受けないためにも、対外的に発する文書の作成時には、事前に印紙税の検討が必要である。なかでも営業サイド等で作成され、総務、法務サイドでは把握されていない文書については印紙税の検討がされておらず、不納付の指摘を受ける場合も多いため、対外的に文書を作成するような場合は必ず総務、法務等を通すなどの措置を講ずることが必要であり、場合によっては税務署において、作成する文書の確認をとっておくことが肝要である。

参考

◆印紙納付に係る不納税額があった場合の過怠税の徴収（法20①～④）

第20条　第8条第1項の規定により印紙税を納付すべき課税文書の作成者が同項の規定により納付すべき印紙税を当該課税文書の作成の時までに納付しなかった場合には、当該印紙税の納税地の所轄税務署長は、当該課税文書の作成者から、当該納付しなかった印紙税の額とその2倍に相当する金額との合計額に相当する過怠税を徴収する。

2　前項に規定する課税文書の作成者から当該課税文書に係る印紙税の納税地の所轄税務署長に対し、政令で定めるところにより、当該課税文書について印紙税を納付していない旨の申出があり、かつ、その申出が印紙税についての調査があったことにより当該申出に係る課税文書について国税通則法第32条第1項（賦課決定）の規定による前項の過怠税についての決定があるべきことを予知してされたものでないときは、当該課税文書に係る同項の過怠税の額は、同項の規定にかかわらず、当該納付しなかった印紙税の額と当該印

紙税の額に100分の10の割合を乗じて計算した金額との合計額に相当する金額とする。
3　第8条第1項の規定により印紙税を納付すべき課税文書の作成者が同条第2項の規定により印紙を消さなかった場合には、当該印紙税の納税地の所轄税務署長は、当該課税文書の作成者から、当該消されていない印紙の額面金額に相当する金額の過怠税を徴収する。
4　第1項又は前項の場合において、過怠税の合計額が1,000円に満たないときは、これを1,000円とする。

◆罰則（法21～24）

第21条　次の各号のいずれかに該当する者は、3年以下の懲役若しくは100万円以下の罰金に処し、又はこれを併科する。
　一　偽りその他不正の行為により印紙税を免れ、又は免れようとした者
　二　偽りその他不正の行為により第14条第1項の規定による還付を受け、又は受けようとした者
2　前項の犯罪に係る課税文書に対する印紙税に相当する金額又は還付金に相当する金額の3倍が100万円を超える場合には、情状により、同項の罰金は、100万円を超え当該印紙税に相当する金額又は還付金に相当する金額の3倍以下とすることができる。
第22条　次の各号のいずれかに該当する者は、1年以下の懲役又は50万円以下の罰金に処する。
　一　第8条第1項の規定による相当印紙のはり付けをしなかった者
　二　第11条第4項又は第12条第5項の規定による申告書をその提出期限までに提出しなかった者
　三　第16条の規定に違反した者
　四　第18条第1項又は第2項の規定による帳簿の記載をせず、若しくは偽り、又はその帳簿を隠匿した者
第23条　次の各号のいずれかに該当する者は、30万円以下の罰金に処する。
　一　第8条第2項の規定に違反した者

二　第11条第3項又は第12条第3項の規定による表示をしなかった者

三　第17条第1項の規定による申告をせず、又は同条第2項の規定による届出をしなかった者

第24条　法人の代表者又は法人若しくは人の代理人、使用人その他の従業者が、その法人又は人の業務又は財産に関して前3条の違反行為をしたときは、その行為者を罰するほか、その法人又は人に対して当該各条の罰金刑を科する。

※　税理士法第2条において、税理士は他人の求めに応じて、租税に関し税務代理、税務書類の作成及び税務相談を行うことができるとされているが、税理士が業務として関与できる税目として「印紙税」は含まれていない。

12 誤りの多い事例

① 契約書に収入印紙を貼付しなければいけないことは理解しているが、文書の名称だけで課否の判断をしている例……契約書という名称であれば、課税物件表に該当しそうな項目でなくても、とりあえず200円の収入印紙を貼付し、「覚書」等の文書は「契約書」という名称ではないため、不課税文書としている。
② 文書の所属の判断を誤っている例……一の文書で2以上の号に該当する場合（例えば請負を継続して結ぶ基本契約で、第2号文書（請負に関する契約書）と第7号文書（継続的取引の基本となる契約書）の両方に該当した場合等）はどちらかの号に該当することとなるが、通則3の規定により所属を判断することなく、基本契約だから第7号文書に該当するなどと所属の判定をせずに名称等で所属を判断している。
③ 予約契約書は本契約ではないので印紙税がかからないと誤認している例……予約契約は本契約を結ぶまでのつなぎでしかなく、本契約が締結されれば効力を有しなくなるため、収入印紙の貼付は必要ないと認識している。
④ 変更契約書の記載金額を誤っている例……変更契約に係る契約について変更前の契約金額等の記載のある契約書（原契約書）が作成されていることが明らかで、かつ変更契約書に変更金額（変更前の契約金額と変更後の金額の増減額）が記載されている場合は増減額が記載金額となるが、変更後の金額の記載しかないのに増減額を記載金額としている。
⑤ 申込書や注文書等は、すべて不課税文書と考えている例……申込書や注文書等はすべて申込みの事実を証明するために作成するものであり、

印紙税法上の契約書には該当しないと考えている。
> (注) 契約の申込みの事実を記載した申込書や注文書等は課税文書には該当しないが、相手方の申込みに対する承諾の事実を証明する目的で作成される場合は、課税文書に該当する場合がある。

⑥ 税額表の見方を誤っている例……例えば第17号文書の場合、記載された受取金額が5万円未満であれば非課税となるが、50,000円の受取りについても非課税と誤認するなど、数量の単位の読み間違いにより印紙税額を誤っている場合がある。

⑦ 親子会社間等の文書を社内文書と同様に取り扱っている例……親子会社間の金銭消費貸借契約書や従業員との間の消費貸借契約書等は社内文書と誤認されやすく、収入印紙の貼付漏れが多い。

また、親子会社間の打合せに際して、打合せ議事録に両社承認印を押印して保管するような場合、打合せの承認内容や記載の内容により課税文書に該当することもあるが、すべて社内文書として取り扱っているケースがある。

⑧ レジから出力されるレシートに収入印紙が貼付されていない例……レジから出力されるレシートや領収書には、現金で5万円以上受け取った場合には収入印紙の貼付が必要となるが、飲食店等でレジでの客待ちが多い場合や、経験の少ないアルバイト店員がレジをまかされる場合などに収入印紙の貼付漏れが発生しやすい。

第 2 章

課税物件表の解説

1 第1号文書

・第1号の1文書：不動産、鉱業権、無体財産権、船舶若しくは航空機又は営業の譲渡に関する契約書

1 課税物件

[物件名]

不動産、鉱業権、無体財産権、船舶若しくは航空機又は営業の譲渡に関する契約書

[定　義]

① 不動産には、法律の規定により不動産とみなされるもののほか、鉄道財団、軌道財団及び自動車交通事業財団を含むものとする。

② 無体財産権とは、特許権、実用新案権、商標権、意匠権、回路配置利用権、育成者権、商号及び著作権をいう。

2 非課税物件

契約金額の記載のある契約書（課税物件表の適用に関する通則3イの規定が適用されることによりこの号に掲げる文書となるものを除く。）のうち、当該契約金額が1万円未満のもの

3 課税物件に関する各項目

[不動産の意義]「不動産」とは、民法第86条《不動産及び動産》において土地及び土地の定着物と規定されている。その他、法律の規定により不動産とみなされるもの並びに鉄道財団、軌道財団及び自動車交通事業財団も印紙税法における不動産に含まれる。

[鉱業権の意義]「鉱業権」とは、鉱業法（昭和25年法律第289号）第5条《鉱業権》に規定する鉱業権をいい、同法第59条《登録》の規定により登録されたものに限る（基通別表一第1号の1文書9）。

[無体財産権の意義]　特許権、実用新案権、商標権、意匠権、回路配置利用権、育成者権、商号及び著作権をいう。

[船舶の意義]「船舶」とは、船舶法（明治32年法律第46号）第5条に

規定する船舶原簿に登録を要する総トン数20トン以上の船舶及びこれに類する外国籍の船舶をいい、その他の船舶は物品として取り扱う。
　なお、小型船舶の登録等に関する法律（平成13年法律第102号）第3条に規定する小型船舶登録原簿に登録を要する総トン数20トン未満の小型船舶も物品として取り扱うのであるから留意する（基通別表一第1号の1文書19）。

［航空機の意義］「航空機」とは、航空法（昭和27年法律第231号）第2条《定義》に規定する航空機をいい、同法第3条《登録》の規定による登録の有無を問わない（基通別表一第1号の1文書21）。

［営業の譲渡の意義］「営業の譲渡」とは、営業活動を構成している動産、不動産、債権、債務等を包括した一体的な権利、財産としてとらえられる営業の譲渡をいい、その一部の譲渡を含む。

（注）　営業譲渡契約書の記載金額は、その営業活動を構成している動産及び不動産等の金額をいうのではなく、その営業を譲渡することについて対価として支払われるべき金額をいう（基通別表一第1号の1文書22）。

・第1号の2文書：地上権又は土地の賃借権の設定又は譲渡に関する契約書

1　課税物件

［物件名］
　　地上権又は土地の賃借権の設定又は譲渡に関する契約書

2　非課税物件

　　契約金額の記載のある契約書（課税物件表の適用に関する通則3イの規定が適用されることによりこの号に掲げる文書となるものを除く。）のうち、当該契約金額が1万円未満のもの

3　課税物件に関する各項目

［地上権の意義］「地上権」とは、民法第265条《地上権の内容》に規定する地上権をいい、同法第269条の2《地下又は空間を目的とする地上権》に規定する地下又は空間の地上権を含む（基通別表一第1号の

2文書1）。

［土地の賃借権の意義］「土地の賃借権」とは、民法第601条《賃貸借》に規定する賃貸借契約に基づき賃借人が土地（地下又は空間を含む。）を使用収益できる権利をいい、借地借家法第2条《定義》に規定する借地権に限らない（基通別表一第1号の2文書2）。

・第1号の3文書：消費貸借に関する契約書
　1　課税物件
　［物件名］
　　　消費貸借に関する契約書
　2　非課税物件
　　　契約金額の記載のある契約書（課税物件表の適用に関する通則3イの規定が適用されることによりこの号に掲げる文書となるものを除く。）のうち、当該契約金額が1万円未満のもの
　3　課税物件に関する各項目
　［消費貸借の意義］「消費貸借」とは、民法第587条《消費貸借》又は同法第587条の2《書面でする消費貸借等》に規定する消費貸借をいい、同法第588条《準消費貸借》に規定する準消費貸借を含む。なお、消費貸借の目的物は、金銭に限らないことに留意する（基通別表一第1号の3文書1）。

・第1号の4文書：運送に関する契約書
　1　課税物件
　［物件名］
　　　運送に関する契約書（傭船契約書を含む。）
　［定　義］
　　① 運送に関する契約書には、乗車券、乗船券、航空券及び送り状を含まないものとする。

第2章　課税物件表の解説　35

②　傭船契約書には、航空機の傭船契約書を含むものとし、裸傭船契約書を含まないものとする。

2　非課税物件

契約金額の記載のある契約書（課税物件表の適用に関する通則3イの規定が適用されることによりこの号に掲げる文書となるものを除く。）のうち、当該契約金額が1万円未満のもの

3　課税物件に関する各項目

［運送の意義］「運送」とは、委託により物品又は人を所定の場所へ運ぶことをいう（基通別表一第1号の4文書1）。

［傭船契約の意義］「傭船契約」とは、船舶又は航空機の全部又は一部を貸し切り、これにより人又は物品を運送することを約する契約で、次のいずれかに該当するものをいう。

⑴　船舶又は航空機の占有がその所有者等に属し、所有者等自ら当該船舶又は航空機を運送の用に使用するもの

⑵　船長又は機長その他の乗務員等の選任又は航海等の費用の負担が所有者等に属するもの（基通別表一第1号の4文書4）。

2　第2号文書：請負に関する契約書

1　課税物件

［物件名］

請負に関する契約書

［定　義］

請負には、職業野球の選手、映画の俳優その他これらに類する者で政令で定めるものの役務の提供を約することを内容とする契約を含むものとする。

2　非課税物件

契約金額の記載のある契約書（課税物件表の適用に関する通則3イの規

定が適用されることによりこの号に掲げる文書となるものを除く。）のうち、当該契約金額が1万円未満のもの

3 課税物件に関する各項目

［請負の意義］「請負」とは、民法第632条《請負》に規定する請負をいい、完成すべき仕事の結果の有形、無形を問わない。

なお、同法第648条の2《成果等に対する報酬》に規定する委任事務の履行により得られる成果に対して報酬を支払うことを約する契約は「請負」には該当しないことに留意する（基通別表一第2号文書1）。

［請負に関する契約書と物品又は不動産の譲渡に関する契約書との判別］いわゆる製作物供給契約書のように、請負に関する契約書と物品の譲渡に関する契約書又は不動産の譲渡に関する契約書との判別が明確にできないものについては、契約当事者の意思が仕事の完成に重きをおいているか、物品又は不動産の譲渡に重きをおいているかによって、そのいずれであるかを判別するものとする。

なお、その具体的な取扱いは、おおむね次に掲げるところによる。

(1) 注文者の指示に基づき一定の仕様又は規格等に従い、製作者の労務により工作物を建設することを内容とするもの（請負に関する契約書）

（例）　家屋の建築、道路の建設、橋りょうの架設

(2) 製作者が工作物をあらかじめ一定の規格で統一し、これにそれぞれの価格を付して注文を受け、当該規格に従い工作物を建設し、供給することを内容とするもの（不動産又は物品の譲渡に関する契約書）

（例）　建売り住宅の供給（不動産の譲渡に関する契約書）

(3) 注文者が材料の全部又は主要部分を提供（有償であると無償であるとを問わない。）し、製作者がこれによって一定物品を製作することを内容とするもの（請負に関する契約書）

（例）　生地提供の洋服仕立て、材料支給による物品の製作

(4) 製作者の材料を用いて注文者の設計又は指示した規格等に従い一定

物品を製作することを内容とするもの（請負に関する契約書）

　（例）　船舶、車両、機械、家具等の製作、洋服等の仕立て
(5) あらかじめ一定の規格で統一された物品を、注文に応じ製作者の材料を用いて製作し、供給することを内容とするもの（物品の譲渡に関する契約書）

　（例）　カタログ又は見本による機械、家具等の製作
(6) 一定の物品を一定の場所に取り付けることにより所有権を移転することを内容とするもの（請負に関する契約書）

　（例）　大型機械の取付け

　　ただし、取付行為が簡単であって、特別の技術を要しないもの（物品の譲渡に関する契約書）

　（例）　家庭用電気器具の取付け
(7) 修理又は加工することを内容とするもの（請負に関する契約書）

　（例）　建物、機械の修繕、塗装、物品の加工（基通別表一第2号文書2）

3　第3号文書：　約束手形又は為替手形

1　課税物件
［物件名］

約束手形又は為替手形

2　非課税物件
(1) 手形金額が10万円未満の手形
(2) 手形金額の記載のない手形
(3) 手形の複本又は謄本

3　課税物件に関する各項目
［約束手形又は為替手形の意義］「約束手形又は為替手形」とは、手形法（昭和7年法律第20号）の規定により約束手形又は為替手形たる効力を有する証券をいい、振出人又はその他の手形当事者が他人に補充させる

意思をもって未完成のまま振り出した手形（以下「白地手形」という。）もこれに含まれるのであるから留意する（基通別表一第3号文書1）。

4 第4号文書：株券、出資証券若しくは社債券又は投資信託、貸付信託、特定目的信託若しくは受益証券発行信託の受益証券

1 課税物件
［物件名］
　株券、出資証券若しくは社債券又は投資信託、貸付信託、特定目的信託若しくは受益証券発行信託の受益証券

［定　義］
① 出資証券とは、相互会社（保険業法第2条第5項《定義》に規定する相互会社をいう。以下同じ。）の作成する基金証券及び法人の社員又は出資者たる地位を証する文書（投資信託及び投資法人に関する法律に規定する投資証券を含む。）をいう。
② 社債券には、特別の法律により法人の発行する債券及び相互会社の社債券を含むものとする。

2 非課税物件
① 日本銀行その他特別の法律により設立された法人で政令で定めるものの作成する出資証券（協同組織金融機関の優先出資に関する法律に規定する優先出資証券を除く。）
② 受益権を他の投資信託の受託者に取得させることを目的とする投資信託の受益証券で政令で定めるもの

3 課税物件に関する各項目
［株券に課される印紙税額］　株券に課される印紙税の税額は、払込金額の有無により次の算式で計算した金額を基に判断することになる（令24一）。

> ○払込金額がある場合： 1株についての払込金額×その株券の株数＝株券の額
> ○払込金額がない場合：$\frac{資本金の額＋資本準備金の額}{発行済株式の総数}$×その株券の株数
>   ＝株券の額

5 第5号文書：合併契約書又は吸収分割契約書若しくは新設分割計画書

1 課税物件

［物件名］
　　合併契約書又は吸収分割契約書若しくは新設分割計画書
［定　義］
　① 　合併契約書とは、会社法第748条《合併契約の締結》に規定する合併契約（保険業法第159条第1項（相互会社と株式会社の合併）に規定する合併契約を含む。）を証する文書（当該合併契約の変更又は補充の事実を証するものを含む。）をいう。
　② 　吸収分割契約書とは、会社法第757条（吸収分割契約の締結）に規定する吸収分割契約を証する文書（当該吸収分割契約の変更又は補充の事実を証するものを含む。）をいう。
　③ 　新設分割計画書とは、会社法第762条第1項（新設分割計画の作成）に規定する新設分割計画を証する文書（当該新設分割計画の変更又は補充の事実を証するものを含む。）をいう。

2 課税物件に関する各項目

［合併契約書の範囲］「合併契約書」は、株式会社、合名会社、合資会社、合同会社及び相互会社が締結する合併契約を証する文書に限り課税文書に該当するのであるから留意する（基通別表一第5号文書1）。
［吸収分割契約書及び新設分割計画書の範囲］「吸収分割契約書」及び

「新設分割計画書」は、株式会社及び合同会社が吸収分割又は新設分割を行う場合の吸収分割契約を証する文書又は新設分割計画を証する文書に限り課税文書に該当するのであるから留意する。
(注) 「新設分割計画書」は、本店に備え置く文書に限り課税文書に該当する（基通別表一第5号文書2）。

6 第6号文書：定款

1 課税物件

［物件名］
　　定款

［定　義］
　　定款は、会社（相互会社を含む。）の設立のときに作成される定款の原本に限るものとする。

2 非課税物件

　株式会社又は相互会社の定款のうち、公証人法第62条の3第3項《定款の認証手続》の規定により公証人の保存するもの以外のもの

3 課税物件に関する各項目

［定款の範囲］ 「定款」は、株式会社、合名会社、合資会社、合同会社又は相互会社の設立のときに作成する定款の原本に限り第6号文書に該当するのであるから留意する（基通別表一第6号文書1）。

［変更定款］ 株式会社又は相互会社の設立に当たり、公証人の認証を受けた定款の内容を発起人等において変更する場合の当該変更の旨を記載した公証人の認証を要する書面は、たとえ「変更定款等」と称するものであっても、第6号文書（定款）には該当しないものとして取り扱う。

　なお、変更後の定款の規定の全文を記載した書面によって認証を受けるときは、新たな定款を作成したこととなり、その原本は、第6号文書に該当するのであるから留意する（基通別表一第6号文書2）。

7 第7号文書：継続的取引の基本となる契約書

1 課税物件
［物件名］
　継続的取引の基本となる契約書（契約期間の記載のあるもののうち、当該契約期間が3月以内であり、かつ、更新に関する定めのないものを除く。）

［定　義］
　継続的取引の基本となる契約書とは、特約店契約書、代理店契約書、銀行取引約定書その他の契約書で、特定の相手方との間に継続的に生ずる取引の基本となるもののうち、政令で定めるものをいう。

2 課税物件に関する各項目
［継続的取引の基本となる契約書の意義］　特約店契約書、代理店契約書、銀行取引約定書その他の契約書で、特定の相手方との間に継続的に生ずる取引の基本となるもののうち、令26条《継続的取引の基本となる契約書の範囲》で定めるものをいう。

［契約期間の記載のあるもののうち、当該契約期間が3月以内であるものの意義］　「契約期間の記載のあるもののうち、当該契約期間が3月以内であるもの」とは、当該文書に契約期間が具体的に記載されていて、かつ、当該期間が3か月以内であるものをいう（基通別表一第7号文書1）。

［継続的取引の基本となる契約書で除外されるもの］　令第26条《継続的取引の基本となる契約書の範囲》の規定に該当する文書であっても、当該文書に記載された契約期間が3か月以内で、かつ、更新に関する定めのないもの（更新に関する定めがあっても、当初の契約期間に更新後の期間を加えてもなお3か月以内である場合を含むこととして取り扱う。）は、継続的取引の基本となる契約書から除外されるが、当該文書については、その内容によりその他の号に該当するかどうかを判断する（基通

別表一第7号文書2)。

8 第8号文書：預貯金証書

1　課税物件

［物件名］
　　預貯金証書

2　非課税物件

　信用金庫その他政令で定める金融機関の作成する預貯金証書で、記載された預入額が1万円未満のもの

3　課税物件に関する各項目

［預貯金証書の意義］「預貯金証書」とは、銀行その他の金融機関等で法令の規定により預金又は貯金業務を行うことができる者が、預金者又は貯金者との間の消費寄託の成立を証明するために作成する免責証券たる預金証書又は貯金証書をいう（基通別表一第8号文書1）。

［勤務先預金証書］　会社等が労働基準法（昭和22年法律第49号）第18条《強制貯金》第4項又は船員法（昭和22年法律第100号）第34条《貯蓄金の管理等》第3項に規定する預金を受け入れた場合に作成する勤務先預金証書は、第8号文書（預貯金証書）に該当する（基通別表一第8号文書2）。

［積金証書］　積金証書は、課税文書に該当しない（基通別表一第8号文書3）。

9　第9号文書：倉荷証券、船荷証券又は複合運送証券

1　課税物件
［物件名］
　　倉荷証券、船荷証券又は複合運送証券
［定　義］
　①　倉荷証券には、商法（明治32年法律第48号）第601条《倉荷証券の記載事項》の記載事項の一部を欠く証書で、倉荷証券と類似の効用を有するものを含むものとする。
　②　船荷証券又は複合運送証券には、商法第758条（船荷証券の記載事項）（同法第769条第2項（複合運送証券）において準用する場合を含む。）の記載事項の一部を欠く証書で、これらの証券と類似の効用を有するものを含むとする。

2　課税物件に関する各項目
［倉荷証券の意義］「倉荷証券」とは、商法第600条（倉荷証券の交付義務）の規定により、倉庫営業者が寄託者の請求により作成する倉荷証券をいう（基通別表一第9号文書2）。
［船荷証券の意義］「船荷証券」とは、商法第757条（船荷証券の交付義務）の規定により、運送人又は船長が荷送人又は傭船者の請求により作成する船荷証券をいう（基通別表一第9号文書3）。

10　第10号文書：保険証券

1　課税物件
［物件名］
　　保険証券
［定　義］
　　保険証券とは、保険証券その他名称のいかんを問わず、保険法第6条

第1項（損害保険契約の締結時の書面交付）、第40条第1項（生命保険契約の締結時の書面交付）又は第69条第1項（傷害疾病定額保険契約の締結時の書面交付）その他の法令の規定により、保険契約に係る保険者が当該保険契約を締結したときに当該保険契約に係る保険契約者に対して交付する書面（当該保険契約者からの再交付の請求により交付するものを含み、保険業法第3条第5項第3号《免許》に掲げる保険に係る保険契約その他政令で定める保険契約に係るものを除く。）をいう。

2　課税物件に関する各項目

[保険証券の意義]「保険証券」とは、保険者が保険契約の成立を証明するため、保険法その他の法令の規定により保険契約者に交付する書面をいう（基通別表一第10号文書1）。

11 第11号文書：信用状

1　課税物件

[物件名]
　　信用状

2　課税物件に関する各項目

[信用状の意義]「信用状」とは、銀行が取引銀行に対して特定の者に一定額の金銭の支払いをすることを委託する支払委託書をいい、商業信用状に限らず、旅行信用状を含む（基通別表一第11号文書1）。

12 第12号文書：信託行為に関する契約書

1　課税物件

[物件名]
　　信託行為に関する契約書

［定　義］
　　信託行為に関する契約書には、信託証書を含むものとする。
2　課税物件に関する各項目
［信託行為に関する契約書の意義］「信託行為に関する契約書」とは、信託法第3条第1号《信託の方法》に規定する信託契約を証する文書をいう。
　（注1）　担保付社債信託法（明治38年法律第52号）その他の信託に関する特別の法令に基づいて締結する信託契約を証する文書は、第12号文書（信託行為に関する契約書）に該当する。
　（注2）　信託法第3条第2号の遺言信託を設定するための遺言書及び同条第3号の自己信託を設定するための公正証書その他の書面は、第12号文書には該当しない（基通別表一第12号文書1）。

13 第13号文書：債務の保証に関する契約書

1　課税物件
［物件名］
　　債務の保証に関する契約書（主たる債務の契約書に併記するものを除く。）
2　非課税物件
　　身元保証ニ関する法律（昭和8年法律第42号）に定める身元保証に関する契約書
3　課税物件に関する各項目
［債務の保証の意義］「債務の保証」とは、主たる債務者がその債務を履行しない場合に保証人がこれを履行することを債権者に対し約することをいい、連帯保証を含む。
　　なお、他人の受けた不測の損害を補てんする損害担保契約は、債務の保証に関する契約に該当しない（基通別表一第13号文書1）。
［主たる債務の契約書に併記した債務の保証に関する契約書］　主たる債務

の契約書に併記した債務の保証に関する契約書は、当該主たる債務の契約書が課税文書に該当しない場合であっても課税文書とはならない。

なお、主たる債務の契約書に併記した保証契約を変更又は補充する契約書及び契約の申込文書に併記した債務の保証契約書は、第13号文書（債務の保証に関する契約書）に該当するのであるから留意する（基通別表一第13号3）。

14 第14号文書：金銭又は有価証券の寄託に関する契約書

1 課税物件
［物件名］
　金銭又は有価証券の寄託に関する契約書

2 課税物件に関する各項目
［寄託の意義］「寄託」とは、民法第657条《寄託》に規定する寄託をいい、同法第665条の2《混合寄託》に規定する混合寄託及び同法第666条《消費寄託》に規定する消費寄託を含む（基通別表一第14号文書1）。

15 第15号文書：債権譲渡又は債務引受けに関する契約書

1 課税物件
［物件名］
　債権譲渡又は債務引受けに関する契約書

2 非課税物件
　契約金額の記載のある契約書のうち、当該契約金額が1万円未満のもの

3 課税物件に関する各項目
［債権譲渡の意義］「債権譲渡」とは、債権をその同一性を失わせないで旧債権者から新債権者へ移転させることをいう（基通別表一第15号文書1）。
［債務引受けの意義］「債務引受け」とは、債務をその同一性を失わせな

いで債務引受人に移転することをいい、民法第470条《併存的債務引受の要件及び効果》に規定する併存的債務引受及び同法第472条《免責的債務引受要件及び効果》に規定する免責的債務引受がこれに含まれる（基通別表一第15号文書2）。

［債務引受けに関する契約の意義］「債務引受けに関する契約」とは、第三者が債権者との間において債務者の債務を引き受けることを約するものをいい、債権者の承諾を条件として第三者と債務者との間において債務者の債務を引き受けることを約するものを含む。

　なお、第三者と債務者との間において、第三者が債務者の債務の履行を行うことを約する文書は、委任に関する契約書に該当するのであるから、課税文書に当たらないことに留意する（基通別表一第15号文書3）。

16　第16号文書：配当金領収証又は配当金振込通知書

1　課税物件
［物件名］
　　配当金領収証又は配当金振込通知書
［定　義］
　①　配当金領収証とは、配当金領収書その他名称のいかんを問わず、配当金の支払を受ける権利を表彰する証書又は配当金の受領の事実を証するための証書をいう。
　②　配当金振込通知書とは、配当金振込票その他名称のいかんを問わず、配当金が銀行その他の金融機関にある株主の預貯金口座その他の勘定に振込済みである旨を株主に通知する文書をいう。

2　非課税物件
　記載された配当金額が3千円未満の証書又は文書

3　課税物件に関する各項目
［配当金の支払を受ける権利を表彰する証書の意義］「配当金の支払を受

ける権利を表彰する証書」とは、会社が株主の具体化した利益配当請求権を証明した証書で、株主がこれと引換えに当該証書に記載された取扱銀行等のうち株主の選択する銀行等で配当金の支払を受けることができるものをいう（基通別表一第16号文書１）。

17 第17号文書： 1　売上代金に係る金銭又は有価証券の受取書
　　　　　　　　 2　金銭又は有価証券の受取書で１に掲げる受取書以外のもの

1　課税物件
［物件名］
　①　売上代金に係る金銭又は有価証券の受取書
　②　金銭又は有価証券の受取書で①に掲げる受取書以外のもの
［定　義］
　①　売上代金に係る金銭又は有価証券の受取書とは、資産を譲渡し若しくは使用させること（当該資産に係る権利を設定することを含む。）又は役務を提供することによる対価（手付けを含み、金融商品取引法（昭和23年法律第25号）第２条第１項（定義）に規定する有価証券その他これに準ずるもので政令で定めるものの譲渡の対価、保険料その他政令で定めるものを除く。以下「売上代金」という。）として受け取る金銭又は有価証券の受取書をいい、次に掲げる受取書を含むものとする。
　　イ　当該受取書に記載されている受取金額の一部に売上代金が含まれている金銭又は有価証券の受取書及び当該受取金額の全部又は一部が売上代金であるかどうかが当該受取書の記載事項により明らかにされていない金銭又は有価証券の受取書
　　ロ　他人の事務の委託を受けた者（以下この欄において「受託者」という。）が当該委託をした者（以下この欄において「委託者」とい

う。）に代わって売上代金を受け取る場合に作成する金銭又は有価証券の受取書（銀行その他の金融機関が作成する預貯金口座への振込金の受取書その他これに類するもので政令で定めるものを除く。ニにおいて同じ。）

　　ハ　受託者が委託者に代わって受け取る売上代金の全部又は一部に相当する金額を委託者が受託者から受け取る場合に作成する金銭又は有価証券の受取書

　　ニ　受託者が委託者に代わって支払う売上代金の全部又は一部に相当する金額を委託者から受け取る場合に作成する金銭又は有価証券の受取書

2　非課税物件

(1)　記載された受取金額が5万円未満の受取書

(2)　営業（会社以外の法人で、法令の規定又は定款の定めにより利益金又は剰余金の配当又は分配をすることができることとなっているものが、その出資者以外の者に対して行う事業を含み、当該出資者がその出資をした法人に対して行う営業を除く。）に関しない受取書。

(3)　有価証券又は第8号、第12号、第14号若しくは前号に掲げる文書に追記した受取書

3　課税物件に関する各項目

[金銭又は有価証券の受取書の意義]　「金銭又は有価証券の受取書」とは、金銭又は有価証券の引渡しを受けた者が、その受領事実を証明するため作成し、その引渡者に交付する単なる証拠証書をいう。

　（注）　文書の表題、形式がどのようなものであっても、また「相済」、「完了」等の簡略な文言を用いたものであっても、その作成目的が当事者間で金銭又は有価証券の受領事実を証するものであるときは、第17号文書（金銭又は有価証券の受取書）に該当するのであるから留意する（基通別表一第17号文書1）。

[受取書の範囲]　金銭又は有価証券の受取書は、金銭又は有価証券の受領事実を証明するすべてのものをいい、債権者が作成する債務の弁済事実

を証明するものに限らないのであるから留意する（基通別表一第17号文書2）。

18 第18号文書：預金通帳、貯金通帳、信託通帳、掛金通帳、保険料通帳

1 課税物件
[物件名]

　預貯金通帳、信託行為に関する通帳、銀行若しくは無尽会社の作成する掛金通帳、生命保険会社の作成する保険料通帳又は生命共済の掛金通帳

[定　義]

　生命共済の掛金通帳とは、農業協同組合その他の法人が生命共済に係る契約に関し作成する掛金通帳で、政令で定めるものをいう。

2 非課税物件
① 信用金庫その他政令で定める金融機関の作成する預貯金通帳
② 所得税法第9条第1項第2号（非課税所得）に規定する預貯金に係る預貯金通帳その他政令で定める普通預金通帳

3 課税物件に関する各項目

[預貯金通帳の意義]　「預貯金通帳」とは、法令の規定による預金又は貯金業務を行う銀行その他の金融機関等が、預金者又は貯金者との間における継続的な預貯金の受払い等を連続的に付け込んで証明する目的で作成する通帳をいう（基通別表一第18号文書1）。

19 第19号文書：消費貸借通帳、請負通帳、有価証券の預り通帳、金銭の受取通帳などの通帳

1　課税物件

［物件名］

　　　第1号、第2号、第14号又は第17号に掲げる文書により証されるべき事項を付け込んで証明する目的をもって作成する通帳（前号に掲げる通帳を除く。）

2　課税物件に関する各項目

［第19号文書の意義及び範囲］　第19号文書とは、課税物件表の第1号、第2号、第14号又は第17号の課税事項のうち1又は2以上を付け込み証明する目的で作成する通帳で、第18号文書に該当しないものをいい、これら以外の事項を付け込み証明する目的で作成する通帳は、第18号文書に該当するものを除き、課税文書に該当しないのであるから留意する（基通別表一第19号文書1）。

［金銭又は有価証券の受取通帳］　金銭又は有価証券の受領事実を付け込み証明する目的で作成する受取通帳は、当該受領事実が営業に関しないもの又は当該付け込み金額のすべてが5万円未満のものであっても、課税文書に該当するのであるから留意する（基通別表一第19号文書2）。

20 第20号文書：判取帳

1　課税物件

［物件名］

　　　判取帳

［定　義］

　　　判取帳とは、第1号、第2号、第14号又は第17号に掲げる文書により証されるべき事項につき2以上の相手方から付け込み証明を受ける目的

をもって作成する帳簿をいう。

2　課税物件に関する各項目

［判取帳の範囲］　「判取帳」とは、課税物件表の第１号、第２号、第14号又は第17号の課税事項につき２以上の相手方から付け込み証明を受ける目的をもって作成する帳簿をいうのであるから、これら以外の事項につき２以上の相手方から付け込み証明を受ける目的をもって作成する帳簿は、課税文書に該当しない（基通別表一第20号文書１）。

［金銭又は有価証券の判取帳］　金銭又は有価証券の受領事実を付け込み証明する目的で作成する判取帳は、当該受領事実が営業に関しないもの又は当該付け込み金額のすべてが５万円未満であっても、課税文書に該当するのであるから留意する（基通別表一第20号文書２）。

第 3 章

印紙税Q&A

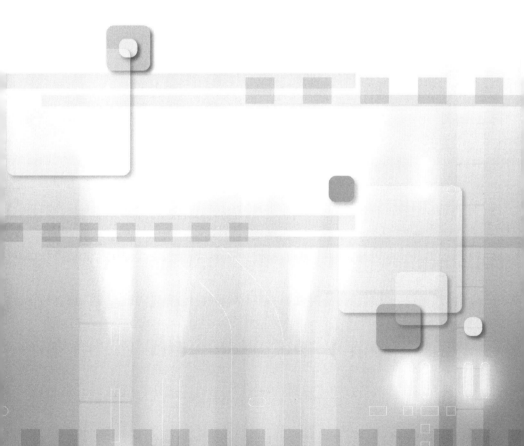

同一書式で記載方法により課否が異なる事例

当社は百貨店です。

時計宝飾等を修理加工のために顧客から預かった際に下記の「お預り証」を交付しますが、同じ書式であっても課税文書に該当したり、しなかったりする場合があるとのことですが、その取扱いについて教えてください。

(書式)

```
                                        令和  年  月  日

                       お 預 り 証

   住 所
   氏 名              様  電話  (    )
  ┌─────────────┬─────────┬─────────┐
  │   お預り商品    │  数 量  │  金 額  │
  ├─────────────┼─────────┼─────────┤
  │                 │         │         │
  ├─────────────┼─────────┼─────────┤
  │                 │         │         │
  └─────────────┴─────────┴─────────┘

  ┌─────────────────────────────────┐
  │(内容)                            │
  └─────────────────────────────────┘
  ※お預け品をお受取りの際には、必ず本証をご持参ください。
    ○○百貨店  時計宝飾売場  担当
```

解答

時計宝飾等の修理加工依頼を受けた場合に交付する文書には、承り票、

引受票、修理票、引換証、預り証、受取書等、作成者によって様々な名称がつけられており、その文書に記載される内容についても、預かる内容や担当者の記入方法によって様々である。

　そこで、事例の「お預り証」を基に印紙税の取扱いについて検討する。

[検討]

　この事例の場合、標題は「お預り証」となっており、標題だけで判断すると、単に物品を預かった証しとして交付されるものと判断されるが、例えば「修理承り票」であるとか「修理引受票」などと表示した場合は、単なる物品の預かりとは認められず、請負契約書に該当する。

　また、標題が「お預り証」と記載されたものであれば、すべて請負契約書に該当しないということではない。記載の内容によって請負契約の成立を証明するものであれば、請負契約書に該当することとなる。

(記載例1)

令和〇年5月3日

お 預 り 証

住　所　　神奈川県横浜市中区〇〇

氏　名　　　　〇〇　〇〇　　　　様　　電話×××（×××）××××

お預り商品	数　量	金　　額
〇社製クオーツ時計	1	

(内容)

※お預け品をお受取りの際には、必ず本証をご持参ください。

　〇〇百貨店　時計宝飾売場　担当　〇〇

単なる時計の預り事項しか記入されておらず不課税文書に該当する。

(記載例2)

```
                                          令和○年5月3日

                      お 預 り 証

住　所　神奈川県横浜市中区○○
氏　名　　　○○　○○　　　様　　電話×××(×××)××××
```

お預り商品	数　量	金　　額
○社製クオーツ時計	1	20,000円（税込）

（内容）分解清掃　出来上り日　令和○年5月15日

※お預け品をお受取りの際には、必ず本証をご持参ください。

　　○○百貨店　時計宝飾売場　担当　○○

仕事の内容、契約金額、出来上り期日の記載があり、第2号文書（請負に関する契約書）に該当する。

(記載例3)

令和〇年5月3日

お 預 り 証

住　所　　神奈川県横浜市中区〇〇
氏　名　　　〇〇　〇〇　　様　　電話×××（×××）××××

お預り商品	数量	金額
〇社製クオーツ時計	1	8,000円

（内容）分解清掃　出来上り日　令和〇年5月15日
※お預け品をお受取りの際には、必ず本証をご持参ください。
　〇〇百貨店　時計宝飾売場　<u>担当　〇〇</u>

請負金額が1万円未満のため非課税文書に該当する。

[まとめ]

　修理・加工の依頼を受けた際に交付する文書のうち、標題が「承り票」、「引受票」と称するものは、標題から修理・加工を引き受けた旨が明らかであり、請負契約の成立を証明するものとなる。
　また、「修理票」、「引換証」、「預り証」、「受取書」等と称するもので、仕事の内容（修理、加工箇所、方法等）、契約金額、期日又は期限のいずれか1以上の事項の記載のあるものも同様に請負契約の成立を証明するものといえる。
　したがって、印紙税の課否判定においては、標題だけで判断せずに、個々の内容により判断することが重要である。

Q2 契約書のコピーに原本と割印した文書

　不動産売買契約書を作成するに当たり、売主と買主双方が所持するために2通作成すると、各々に収入印紙が必要だと聞きました。そのため、1通作成して原本は買主が保管し、売主はコピーにて対応しようと思いますが、コピーに原本との割印を行った場合でもコピーに対して収入印紙は必要ないのでしょうか。

（原本）

　　　　　　　　　　　　　　　　　　　　　　　　　令和〇年9月1日

　　　　　　　　　　　　不動産売買契約書

　　第1条　売主大手一郎と買主築地二郎は不動産売買契約を締結する。
　　　　　　　　《中　略》
　　　　　　売主　大手一郎　㊞　　　買主　築地二郎　㊞

　　　　　　　　（大）　　　　　　　　　　　　　（築）

（コピー）

　　　　　　　　（手）　　　　　　　　　　　　　（地）

　　　　　　　　　　　　　　　　　　　　　　　　　令和〇年9月1日

　　　　　　　　　　　　不動産売買契約書

　　第1条　売主大手一郎と買主築地二郎は不動産売買契約を締結する。
　　　　　　　　《中　略》
　　　　　　売主　大手一郎　㊞　　　買主　築地二郎　㊞

解答

　契約書のコピーは、正本等の単なる複写にすぎないため、収入印紙を貼付する必要はない。しかし、事例のように、正本等との割印がある契約書のコピーについては正本と同様に課税文書となり、収入印紙の貼付が必要となる。

[**検討1**]　同一の文書を2通以上作成した場合

　印紙税は、契約が成立したという事実そのものを課税の対象とするものではなく、契約の成立を証明する目的で作成された文書に対して課税の対象とするものである。したがって、1つの契約において、同一の文書を2通以上作成した場合、その2通以上の文書がそれぞれ課税事項を証明する目的で作成されたものであれば、それぞれの文書が課税文書となる。

[**検討2**]　正本との割印等

　日本においては、文書を作成する場合、一般的に押印の有無が文書の証明力の有無の判断基準とされており、その点からも事例における正本との割印のあるものは、課税文書に該当することとなる。

　ただし、文書の所持者のみが署名・押印しているものは除かれることとなる。理由としては、自己の所持する文書に自己のみの印鑑を押印した場合は、契約の相手方当事者に対しては証明の用をなさないため、契約の成立を証明する目的で作成するものとは認められないということである。

　なお、下記の文書例のように、コピーに「原本と相違ありません。」と記載し、契約当事者双方が署名・押印している場合なども課税文書に該当することとなる。

(コピー)

> 令和〇年9月1日
>
> **不動産売買契約書**
>
> 第1条　売主大手一郎と買主築地二郎は不動産売買契約を締結する。
>
> 《中　略》
>
> 　　売主　大手一郎　㊞　　　買主　築地二郎　㊞
>
> 原本と相違ありません。売主　大手一郎　㊞　　買主　築地二郎　㊞

［まとめ］

　契約書は、契約の当事者が相手方当事者に対して、成立した契約内容を主張するために作成されるものであり、通常は各契約当事者が1通ずつ所持するところ、事例の場合は、正本を1通しか作成せず、もう1通をコピーにて対処しているが、そのコピーに契約当事者が割印することにより、契約の成立を証明する目的で作成されたものであれば、正本と同じように課税文書に該当することとなる。

参考

◆同一の内容の文書を2通以上作成した場合（基通19）

第19条　契約当事者間において、同一の内容の文書を2通以上作成した場合において、それぞれの文書が課税事項を証明する目的で作成されたものであるときは、それぞれの文書が課税文書に該当する。

2　写、副本、謄本等と表示された文書で次に掲げるものは、課税文書に該当するものとする。

(1) 契約当事者の双方又は一方の署名又は押印があるもの（ただし、文書の所持者のみが署名又は押印しているものを除く。）

(2) 正本等と相違ないこと、又は写し、副本、謄本等であることの契約当事

者の証明（正本等との割印を含む。）のあるもの（ただし、文書の所持者のみが証明しているものを除く。）

Q3 作成した文書を電子メールで送信した場合

　当社は建築業者です。

　顧客から建物建築工事の依頼があり、注文書が送られてきたので、受注に当たり当社からは注文請書を電子メールで返送しました。

　建物建築工事の注文請書は第2号文書の請負に関する契約書に該当し、収入印紙が必要と思いますが、電子メールで送信した場合はどうなりますか。

　　　　　　　　　　　　　　　　　　　　　　　令和X1年9月14日

　大手飲食店株式会社　殿

　　　　　　　　　　　　建物建築工事注文請書

　　　　　　　　　　　　　　　　　　　　　大手建設株式会社　㊞

　令和○年9月1日付、注文書番号第23号において貴社よりご依頼のありました建物建築工事について、下記のとおり御請けいたします。

　　　　　　　　　　　　　　　記

　工事場所：大手飲食店　築地店
　工事期間：令和X1年11月1日～令和X2年2月28日
　工事金額：250,000,000円（消費税抜き）

解答

　電子メールで注文請書を送信し、相手方において出力された文書につい

ては課税文書を作成したことにはならず、収入印紙を貼付する必要はない。ただし、電子メールで注文請書を送付した後に、改めて文書を相手方に持参又は郵送等により現物を交付した場合には、その文書に対して収入印紙の貼付が必要となる。

[検討1]　課税文書の作成

　通則5において、印紙税法上の「契約書」とは、契約証書、協定書、約定書その他名称のいかんを問わず、契約の成立等を証すべき文書をいい、念書、請書その他契約の当事者の一方のみが作成する文書又は契約の当事者の全部若しくは一部の署名を欠く文書で、当事者間の了解又は商慣習に基づき契約の成立等を証することとされているものを含むものとされている。

　また、課税文書の「作成」とは、課税文書となるべき用紙等に課税事項を記載し、これを当該文書の目的に従って行使することをいい、「作成の時」とは、請書のように相手方に交付する目的で作成される課税文書の場合であれば、「交付の時」とされている。

　したがって、事例の場合は電子メールにおいて注文請書が送信されているものの、原本は相手方に交付されておらず、課税文書が作成されたことにはならないため、課税文書には該当しない。

[検討2]　FAXで送信した場合

　FAXで送信した場合についても、電子メールと同様に、受信先にてプリントアウトされた文書はコピーと同様のものと認められるため、課税文書には該当しない。

　また、文書の作成者が保管するFAX送信用文書の原本についても、それ自体が相手方に交付されるのではないため、課税文書には該当しない。ただし、送信後に改めて文書を持参するなどの方法により、正本となる文書を相手方に交付する場合は、課税対象となる。

[まとめ]

　事例の請書のように、当事者の一方のみが作成する文書も印紙税法上の

契約書に該当することとなる。しかし、請書のように相手方に交付する目的で作成される場合は、交付の時が課税文書の「作成の時」とされる。

したがって、メールで請書が送信された時点では、原本は交付されていないため課税文書が作成されたとはいえず、当社で保管されている注文請書、送信先において出力された注文請書ともに課税文書には当たらない。

メール送信後、改めて文書を相手方に持参又は郵送等することにより現物を交付した場合には、その文書に対して収入印紙の貼付が必要となる。

参考

◆作成等の意義（基通44）

第44条　法に規定する課税文書の「作成」とは、単なる課税文書の調製行為をいうのではなく、課税文書となるべき用紙等に課税事項を記載し、これを当該文書の目的に従って行使することをいう。

2　課税文書の「作成の時」とは、次の区分に応じ、それぞれ次に掲げるところによる。

(1)　相手方に交付する目的で作成される課税文書　当該交付の時

(2)　契約当事者の意思の合致を証明する目的で作成される課税文書　当該証明の時

(3)　一定事項の付け込みを証明することを目的として作成される課税文書　当該最初の付け込みの時

(4)　認証を受けることにより効力が生ずることとなる課税文書　当該認証の時

(5)　第5号文書のうち新設分割計画書　本店に備え置く時

印紙の消印の方法

　印紙税の納付を収入印紙により行う場合、収入印紙を課税文書に貼付し消印を行うこととされていますが、消印は契約書などに押した印で消印しなければいけませんか。

　また、契約書の作成者が複数の場合は、作成者全員で消印をしなければいけないのでしょうか。

解答

　消印は契約書などに押した印でなくても、印章又は署名で消印をすることができる。

　また、契約の作成者が複数の場合、作成者のうちの１人の者が消せばよく、作成者全員で消さなくてもよい。

[検討１]　消印の方法

　収入印紙による印紙税の納付は、課税文書に収入印紙を貼付し消印することされている。この消印をすることは納税を成立させるとともに収入印紙の再使用を防止する趣旨もあり、これに使用する印章は通常印判と言われているほか、氏名・名称などを表示した日付印、役職名・名称などを表示したゴム印のようなものでもよい。

　また、署名は自筆によるものだが、その表示は氏名を表すもののほか、通称、商号のようなものでもよい。

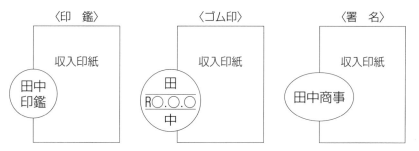

しかし、次のように単に「㊞」との表示や斜線を引いただけでは、印章や署名には当たらず、消印したことにはならないので留意する。

また、収入印紙は判明に消さなければならないとされていることから、誰が消印したかが明らかになる程度に印章又は署名により消印することが必要であり、鉛筆で署名するように簡単に消し去ることができるようなものは、消印をしたことにはならない。

[検討2] 契約書の作成者が複数の場合の消印

前述のとおり、消印は収入印紙の再使用を防止する趣旨もあり、複数の人が共同して作成した文書に貼り付けられた収入印紙は、作成者全員によって消印する必要はなく、その作成者のうち1人の者が消せばよい。

したがって、甲と乙の共同作成の場合であれば、どちらか一方が消印すればよい。

[まとめ]

印紙税の納付を収入印紙により行う場合は、課税文書に収入印紙を貼り付け、その文書と収入印紙の彩紋とにかけて判明に印紙を消さなければならないとされ、消印しなければ印紙税を納付したことにはならない。

この場合の消印は印章によることに限られておらず、署名でもよいとされており、その文書に押した印の他、作成者、代理人、使用人、従業員の印章や署名であればどのようなものでも構わない。

参考

◆印紙による納付等（法8）

第8条　課税文書の作成者は、次条から第12条までの規定の適用を受ける場合を除き、当該課税文書に課されるべき印紙税に相当する金額の印紙（以下「相当印紙」という。）を、当該課税文書の作成の時までに、当該課税文書にはり付ける方法により、印紙税を納付しなければならない。

2　課税文書の作成者は、前項の規定により当該課税文書に印紙をはり付ける場合には、政令で定めるところにより、当該課税文書と印紙の彩紋とにかけ、判明に印紙を消さなければならない。

◆印紙を消す方法（令5）

第5条　課税文書の作成者は、法第8条第2項の規定により印紙を消す場合には、自己又はその代理人（法人の代表者を含む。）、使用人その他の従業者の印章又は署名で消さなければならない。

◆共同作成の場合の印紙の消印方法（基通64）

第64条　2以上の者が共同して作成した課税文書にはり付けた印紙を法第8条《印紙による納付等》第2項の規定により消す場合には、作成者のうちの一の者が消すこととしても差し支えない。

◆印章の範囲（基通65）

第65条　令第5条《印紙を消す方法》に規定する「印章」には、通常印判といわれるもののほか、氏名、名称等を表示した日付印、役職名、名称等を表示した印を含むものとする。

納税義務の成立の時及び納税義務者

不動産売買契約書を作成するに当たり、下記の売買契約書には印紙税が課されると聞きました。この場合、いつ・誰が、印紙税を納める義務があるのですか。

令和○年○月○日

不動産売買契約書

売主：○○不動産株式会社（以下「甲」という）と買主：××××（以下「乙」という）は以下のとおり、不動産売買契約を締結する。

第1条　甲は甲所有の下記の土地建物を○千万円で乙に売り渡し、乙はこれを買い受けることとする。

《中　略》

本契約の証として、本書2通を作成し、甲乙署名押印のうえ、各1通を保有する。

売主（甲）　○○不動産株式会社
営業本部長　○○○○　㊞
買主（乙）　　　　××××　㊞

解答

課税文書の作成者である甲乙がともに署名押印した時に、連帯して印紙税を納める義務がある。

[検討1]　課税文書の作成者とは

「課税文書の作成者」とは、その文書に記載されている名義人が作成者

となる。また、法人等の役員や従業員がその業務等に関して、その役員や従業員の名義で作成する場合は、その法人等が作成者となる。

したがって事例の場合は、その文書に記載されている甲及び乙が作成者となり、売主である甲においては営業本部長の名義で作成するものの、法人の業務に関して作成するものであることから、作成者は営業本部長ではなく、○○不動産株式会社となる。

[検討2] 課税文書の作成の時とは

「課税文書の作成の時」とは、事例の不動産売買契約書のように、契約当事者の意思の合致を証明する目的で作成される課税文書の場合は、その証明の時とされ、「甲乙署名押印した時」が作成の時とされる。

(注) 実際は契約が成立しているにもかかわらず、文書所持者が自己の署名押印をし忘れて、契約相手方の署名押印だけがあるものを所持している場合は、文書所持者において容易に押印することが可能であり、課税文書に該当することとなるので留意する。

[検討3] 共同作成者の連帯納税義務

事例のように甲乙の間で作成した場合、課税文書の作成者は甲乙ともに納税義務がある。したがって、印紙税の負担は連帯して行うこととされており、どちらが印紙税を負担してもよく、双方において納得された場合は負担割合も自由に決められる。

[まとめ]

印紙税は課税文書の作成者が文書を作成した時に印紙税を納めることとなる。この場合は甲乙が共同して作成しているため、甲乙が作成者であり、ともに納税義務者となる。

また、「作成した時」とは当事者の意思の合致を証明する時であり、甲乙ともに署名押印した時に収入印紙を貼付する等して印紙税を納めることとなる。

> 参考

◆納税義務者（法3）

第3条　別表第1の課税物件の欄に掲げる文書のうち、第5条の規定により印紙税を課さないものとされる文書以外の文書（以下「課税文書」という。）の作成者は、その作成した課税文書につき、印紙税を納める義務がある。

2　一の課税文書を二以上の者が共同して作成した場合には、当該二以上の者は、その作成した課税文書につき、連帯して印紙税を納める義務がある。

◆作成者の意義（基通42）

第42条　法に規定する「作成者」とは、次に掲げる区分に応じ、それぞれ次に掲げる者をいう。

(1)　法人、人格のない社団若しくは財団（以下この号において「法人等」という。）の役員（人格のない社団又は財団にあっては、代表者又は管理人をいう。）又は法人等若しくは人の従業員がその法人等又は人の業務又は財産に関し、役員又は従業員の名義で作成する課税文書　　当該法人等又は人

(2)　(1)以外の課税文書　　当該課税文書に記載された作成名義人

◆作成等の意義（基通44）

Q3の「参考」参照

◆共同作成者の連帯納税義務の成立等（基通47）

第47条　一の課税文書を2以上の者が共同作成した場合における印紙税の納税義務は、当該文書の印紙税の全額について共同作成者全員に対してそれぞれ各別に成立するのであるが、そのうちの1人が納税義務を履行すれば当該2以上の者全員の納税義務が消滅するのであるから留意する。

◆同一の内容の文書を2通以上作成した場合（基通19）

Q2の「参考」参照

Q6 見積書等に基づく注文書

　当社は飲食業者です。店舗の新築工事を依頼するに当たり、注文書を建築施工業者へ提出しようと思いますが、工事注文書の場合であっても印紙税の課税文書に該当する場合があると聞きました。事例の場合はどうなりますか。

【事例1】

令和○年5月1日

工事注文書

株式会社○○建設　御中

　令和○年4月10日付貴社見積書により、下記のとおり注文いたします。
1．工事名　株式会社○○食堂○○店新築工事
2．工事場所　東京都千代田区○○町○○
《中　略》
　　　　　株式会社○○食堂　代表取締役　○○○○　㊞

【事例2】

```
                                        令和○年5月1日

                        工事注文書

  株式会社○○建設　御中

    令和○年4月10日付貴社見積書により、下記のとおり注文いたします。
    なお、注文を引き受けた場合は、別途請書を提出してください。
  1．工事名　株式会社○○食堂○○店新築工事
  2．工事場所　東京都千代田区○○町○○
                        《中　略》
                    株式会社○○食堂　代表取締役　○○○○　㊞
```

【事例3】

```
                                        令和○年5月1日

                        工事注文書

  株式会社○○建設　御中
              （注文者）株式会社○○食堂　代表取締役　○○○○　㊞

    下記のとおり注文いたします。
  1．工事名　株式会社○○食堂○○店新築工事
  2．工事場所　東京都千代田区○○町○○
                        《中　略》
              （受注者）株式会社○○建設　代表取締役　○○○○　㊞
```

解答

事例1及び事例3は第2号文書（請負に関する契約書）に該当する。事例2は印紙税法上の契約書に該当せず、課税文書には該当しない。

[検討]　注文書は課税文書に該当するか

一般的に注文書、申込書等は、契約の申込みの事実を証明する目的で作成されるものであり、契約書には該当しないが、申込書等と表示された文書であっても契約の成立を証明する目的で作成されるものは、標題にかかわらず原則として印紙税法上の契約書に該当する。

事例1は、相手方当事者の作成した見積書に基づく申込みであることが記載されており、契約の成立を証明する目的で作成されたものと認められるため、印紙税法上の契約書に該当する。

事例2は、見積書に基づく申込みであることが記載されているが、別途、請書等の契約の成立を証明する文書を作成することが記載されているため、契約の成立を証明する目的で作成された文書には該当しない。したがって、印紙税法上の契約書には当たらない。

事例3は、契約当事者の署名・押印があるため、単なる申込みではなく、契約の成立を証明する目的で作成された文書と認められ、印紙税法上の契約書に該当する。

[まとめ]

注文書等の場合であっても、基本契約書に基づく申込みであることが記載されていたり、相手方の作成した見積書に基づく申込みであることが記載されている場合は、契約の成立を証明する目的で作成されたものであり、印紙税法上の契約書に該当することとなる。

ただし、別途、請書等の契約の成立を証明する文書を作成することが記載されている場合は、請書等が印紙税法上の契約書に該当することとなるため、注文書等自体は契約書に該当しない。

また、注文書等であっても契約当事者双方の署名・押印のあるものは、契約の成立を証明する目的で作成された文書と認められるため、印紙税法

上の契約書に該当する。

> 参考

◆**申込書等と表示された文書の取扱い（基通21）**

第21条　契約は、申込みと当該申込みに対する承諾によって成立するのであるから、契約の申込みの事実を証明する目的で作成される単なる申込文書は契約書には該当しないが、申込書、注文書、依頼書等（次項において「申込書等」という。）と表示された文書であっても、相手方の申込みに対する承諾事実を証明する目的で作成されるものは、契約書に該当する。

2　申込書等と表示された文書のうち、次に掲げるものは、原則として契約書に該当するものとする。

(1)　契約当事者の間の基本契約書、規約又は約款等に基づく申込みであることが記載されていて、一方の申込みにより自動的に契約が成立することとなっている場合における当該申込書等。ただし、契約の相手方当事者が別に請書等契約の成立を証明する文書を作成することが記載されているものを除く。

(2)　見積書その他の契約の相手方当事者の作成した文書等に基づく申込みであることが記載されている当該申込書等。ただし、契約の相手方当事者が別に請書等契約の成立を証明する文書を作成することが記載されているものを除く。

(3)　契約当事者双方の署名又は押印があるもの

袋綴じされた基本契約書と覚書

清掃請負契約を結ぶに当たり、基本契約書と付属覚書を同時に作成し、袋綴じにして保管する予定ですが、この場合の印紙税の取扱いはどうなりますか。

清掃請負基本契約書

令和X1年1月10日

　株式会社○○（以下「甲」という。）と株式会社○○清掃（以下「乙」という。）との間で清掃請負基本契約を締結する。

第1条　清掃場所　甲の店舗
第2条　内　　容　日常清掃
第3条　清掃料金　別紙付属覚書のとおり
第4条　契約期間　令和X1年4月1日から令和X2年3月31日までの1年間

《中　略》

甲（委託者）　東京都品川区○○　株式会社○○　　　代表取締役　○○○　㊞
乙（受託者）　東京都豊島区○○　株式会社○○清掃　代表取締役　○○○　㊞

(別紙)

付 属 覚 書

令和X1年1月10日

　株式会社○○（以下「甲」という。）と株式会社○○清掃（以下「乙」という。）との間で定める株式会社○○各店舗の清掃料金は次のとおりとする。

○○店	1か月当たり10万円
○×店	1か月当たり12万円
△×店	1か月当たり15万円

甲（委託者）　東京都品川区○○　株式会社○○　　　代表取締役　○○○　㊞
乙（受託者）　東京都豊島区○○　株式会社○○清掃　代表取締役　○○○　㊞

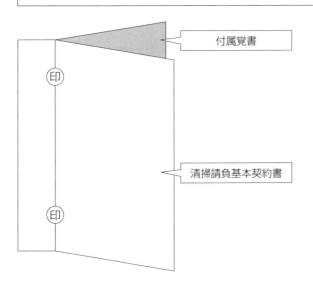

解答

　袋綴じされた基本契約書と覚書が同一日に作成されていることと、基本契約書と覚書に署名・押印をした契約名義人が同一であり、後日、切り離

して保存することを予定していないことから、袋綴じされた文書は「一の文書」に該当する。

したがって、事例の文書については第2号文書（請負に関する契約書）と第7号文書（継続的取引の基本となる契約書）に該当することとなるが、記載金額の計算ができることから、所属の決定により、記載金額444万円｛(10万円＋12万円＋15万円)×12か月｝、印紙税額2,000円の第2号文書となる。

［検討］　一の文書とは

印紙税は、一の文書であれば、その内容が課税物件表の2以上の号の課税事項に該当している場合であっても、そのうちの1つの号に所属することとなる。

そのため、基本契約書と覚書が一の文書と認められれば、基本契約書と覚書双方の内容により課否判定を行い、所属が判定される。

【一の文書であると認められる場合（次のいずれにも該当するもの)】
①　契印等により、その文書の形態からみて1個の文書と認められ、それぞれの文書を切り離して行使又は保存することを予定していないもの
②　袋綴じされた文書の契約日が同一であるもの
③　契約書、覚書等に署名・押印した契約名義人が同一であるもの

［まとめ］

契約日が同一でも切り離して保存されていたり、袋綴じされていても契約日が違っているような場合は、一の文書とは認められない。また、契約日も同一で袋綴じされていたとしても、基本契約書と覚書等の契約名義人が異なっている場合は、別の契約であるため、ここでいう一の文書には該当しない。

その他、作成時には一の文書の形態をとっているものであっても、将来切り離して行使したり、保存したりすることが予定されているものについては、一の文書には該当しないことに留意する必要がある。

[節税のポイント]

　事例の文書が一の文書に該当せず、別々の文書ということであれば、記載金額の計算ができないため、ともに第7号文書に該当し、4,000円の収入印紙を各々に貼付しなければならない。文書を作成する際にはこのような点も考えて作成することが大事である。

参考

◆一の文書の意義（基通5）

第5条　法に規定する「一の文書」とは、その形態からみて1個の文書と認められるものをいい、文書の記載証明の形式、紙数の単複は問わない。したがって、1枚の用紙に2以上の課税事項が各別に記載証明されているもの又は2枚以上の用紙が契印等により結合されているものは、一の文書となる。ただし、文書の形態、内容等から当該文書を作成した後切り離して行使又は保存することを予定していることが明らかなものについては、それぞれ各別の一の文書となる。

(注)　一の文書に日時を異にして各別の課税事項を記載証明する場合には、後から記載証明する部分は、法第4条《課税文書の作成とみなす場合等》第3項の規定により、新たに課税文書を作成したものとみなされることに留意する。

国外で作成される契約書

当社は、ドイツにあるA社との間で不動産の売買契約を締結することとなりましたが、契約の締結を日本国内で行う場合と国外であるドイツで行う場合とでは、印紙税の取扱いに違いがありますか。

契約書は、2通作成し双方署名・押印を行った後、各1通ずつ所持することとしています。

解答

印紙税法は日本の国内法であり、その適用地域については日本国内に限られることとなる。したがって、契約書の作成が国内での作成かあるいは国外での作成かにより、課税文書に該当するかどうかを判断することとなる。

【事例1】 国内法人の従業員がA社（ドイツ）へ出向き、A社において契約締結を行った場合

契約書の作成場所はドイツ（法施行地外）であるため、印紙税法の適用はない。

この場合、当社において保存される契約書にも印紙の貼付がないことから、後日、印紙税調査等において納付漏れを指摘されるなどのトラブルが発生する可能性がある。そこで、国外で作成した旨を明らかにするために、出張等の事績がわかるものを契約書とともに保管しておくなどの措置が必要である。

【事例2】 A社（ドイツ）の従業員が国内に来て、当社において契約締結を行った場合

　契約書の作成場所は国内であり、課税文書となる。

【事例3】 当社にて、契約書を2通作成し、それに当社の従業員の署名・押印をしてA社に郵送し、A社の従業員がこれに署名して、そのうちの1通を当社あてに返送した場合

　この場合、当社の従業員が署名・押印した段階では、相手方の署名もなく、当事者の意思の合致を証明することにはならず、A社の従業員が署名する時に課税文書が作成されたことになる。したがって、作成場所はドイツ（法施行地外）であることから、この契約書には印紙税法の適用がない。

　返送された契約書は当社において保存されることから、印紙税の納付がされていないことについて、**事例1**と同様に、後日のトラブル回避のために、郵送記録等を保管しておくなどの措置が必要である。

　その他、トラブル回避の方法としては、従業員の署名欄に各々が署名した日を記入することも有効と考える。また、作成場所を記載する方法も得策と考えるが、契約書に作成地を国外所在地と記載しても、実態は国内において作成している場合は、国内作成となるので注意が必要である。

　文書の作成方法がこの**事例3**と逆で、ドイツのA社において契約書を作成し、A社の従業員が署名したうえで当社に送付され、当社において署名・押印する場合には、当社が所持する文書のみならず、当社にて署名・押印後A社に返送する契約書も、課税文書に該当する。

[検討1] 「作成」とは何か、また、「作成の時」とはどの時点をいうのか

　課税文書の作成者は印紙税を納める義務を課されているが、この「作成」とは、課税文書となるべき用紙等に課税事項を記載し、これを文書の目的に従って行使することをいう。

　また、「作成の時」とは、文書の目的に従って行使する時であり、相手方に交付する目的で作成される課税文書については交付の時、契約当事者

の意思の合致を証明する目的で作成される課税文書については証明の時が作成の時とされる（基通44）。

したがって、質問の契約書は、契約当事者の意思の合致を証明する目的で作成される課税文書であるため、契約当事者双方の署名がなされた時に課税文書が作成されたことになる。

[検討2]　契約書の署名・押印を従業者の名義で作成した場合、作成者は誰になるか

法人等の役員又は法人等や個人事業者の従業者の行為は、その法人等や個人事業者に直接的に帰属する（法人又は個人事業者が作成者としての責任を負う）ことから、法人等や個人事業者の業務又は財産に関して、役員や従業者の名義で作成する文書については、法人等や個人事業者が作成者となる（基通42）。

したがって、質問の契約書は、法人の従業員の名義で作成したとしても、法人に直接帰属するものであり、法人が作成者となる。

参考

◆作成場所が法施行地外となっている場合（基通49）

第49条　文書の作成場所が法施行地外である場合の当該文書については、たとえ当該文書に基づく権利の行使又は当該文書の保存が法施行地内で行われるものであっても、法は適用されない。ただし、その文書に法施行地外の作成場所が記載されていても、現実に法施行地内で作成されたものについては、法が適用されるのであるから留意する。

税理士等が作成する文書

　税理士と顧客との間で作成する顧問契約書や、顧問料を受領した際に作成する受取書には印紙税がかかりますか。

【事例1】　顧問契約書

　　　　　　　　　　　　　　　　　　　　　　　　　令和X1年3月31日

　　　　　　　　　　　　　　　顧問契約書

　○○株式会社（以下「甲」という。）と税理士○○○○（以下「乙」という。）は、税理士業務に関して、下記のとおり契約を締結する。

第1条　業務の範囲
　1　甲の法人税、事業税、住民税及び消費税の税務書類の作成並びに税務代理業務
　2　甲の税務調査の立会い
　3　甲の税務相談
　4　甲の総勘定元帳及び試算表の作成
　前記に掲げる項目以外の業務については、別途協議する。

第2条　契約期間
　令和X1年4月1日から令和X2年3月31日までの1年間とする。
　ただし、双方より意思表示がない限り、自動継続とする。

第3条　報酬金額
　1　顧問報酬として　月額○万円
　2　税務書類及び決算書類作成費用として　○○万円
　3　税務立会い報酬として　1日当たり○万円
　　　　　　　　　　　　《以下略》

第3章　印紙税Q&A

【事例2】 受取書

```
                                        令和X1年4月28日
                    受  取  書

  ○○株式会社　殿

                     金　60,000円

    令和X1年5月分顧問料
                                    税理士　○○○○　㊞
```

解答

　税理士と顧客との間で顧問契約を結ぶ場合、業務の範囲として一般的には税務相談、決算書・申告書作成、記帳代行等を定めることとなるが、報酬については月次報酬のほかに決算等の費用がある。

　単なる税務相談のみを目的として契約を結んだ場合は、委任契約として課税文書には当たらないが、税務書類の作成を目的とし、それに対して一定額の報酬を支払うというような契約の場合であれば、第2号文書（請負に関する契約書）に該当することとなる。

　したがって、事例の場合における顧問契約書は、第2号文書に該当する。

　また、受取書については、税理士がその業務上作成する受取書は、営業に関しない受取書と取り扱われ、非課税である。

[検討1]　顧問契約書等の所属

　税理士が顧問先等との間で報酬等に関して取り交わす契約書は、顧問契約書、委嘱契約書など名称は様々であり、契約形態、記載事項についても作成者により相違している。

　したがって、課税文書に該当するか否かは個々に文書を見なければ最終

的な判断はできないが、税理士の顧問契約の場合、相談業務のほか、業務のなかに決算・申告書作成業務が含まれている場合が多い。この場合、それに対して一定額の報酬を支払う契約となると、単なる委任に関する契約書として非課税ということではなく、第2号文書として課税文書に該当することとなる。

　また、税理士との間で業務上作成される文書において、第7号文書（継続的取引の基本となる契約書）に該当する場合がないかというと、税理士は営業者には該当しないため、継続的取引であっても第7号文書には該当しない。

　なお、税理士法人については、出資者以外の者との取引では営業者となることから、継続的取引であれば第7号文書にも該当する場合がある。

[検討2]　受取書の取扱い

　税理士がその業務上作成する受取書は、営業に関しない受取書と取り扱われ、非課税である。

　また、税理士法人の場合、会社法第621条《利益の配当》及び第622条《社員の損益分配の割合》を準用していることから、法令の定めにより利益金の分配等をすることができるものに該当する。

　したがって、税理士法人が出資者以外の者に交付する受取書は、第17号文書（金銭又は有価証券の受取書）非課税物件欄2かっこ書の規定により、営業に関する受取書として課税文書に該当する。

[まとめ]

　先にも述べたとおり、契約書は作成者によって様々な内容で作成されており、同じ税理士と顧客との間で結ばれる顧問契約においても、契約内容により課否が分かれるところである。

　したがって、税理士の顧問契約に限ったことではないが、課否判定をするうえで疑問を生ずるような場合は、税務署において確認をとることも事後のトラブル回避として得策である。

> 参考

◆税理士委嘱契約書（基通別表一第2号文書17）

17　税理士委嘱契約書は、委任に関する契約書に該当するから課税文書に当たらないのであるが、税務書類等の作成を目的とし、これに対して一定の金額を支払うことを約した契約書は、第2号文書（請負に関する契約書）に該当するのであるから留意する。

◆弁護士等の作成する受取書（基通別表一第17号文書26）

26　弁護士、弁理士、公認会計士、計理士、司法書士、行政書士、税理士、中小企業診断士、不動産鑑定士、土地家屋調査士、建築士、設計士、海事代理士、技術士、社会保険労務士等がその業務上作成する受取書は、営業に関しない受取書として取り扱う。

◆継続的取引の基本となる契約書の範囲（令26一）

一　特約店契約書その他名称のいかんを問わず、営業者（法別表第一第17号の非課税物件の欄に規定する営業を行う者をいう。）の間において、売買、売買の委託、運送、運送取扱い又は請負に関する2以上の取引を継続して行うため作成される契約書で、当該2以上の取引に共通して適用される取引条件のうち目的物の種類、取扱数量、単価、対価の支払方法、債務不履行の場合の損害賠償の方法又は再販売価格を定めるもの（電気又はガスの供給に関するものを除く。）

◆営業に関しない受取書（課税物件表第17号文書非課税物件欄2）

第2章参照

公益法人が作成する契約書等

　公益法人の場合、契約書や領収書に印紙税がかからない場合があると聞きました。

　事例1、**事例2**は公益法人が作成する文書ですが、印紙税の取扱いはどうなりますか。

【事例1】　清掃業務請負契約書

令和○年3月14日

清掃業務請負契約書

　公益社団法人○○（以下「甲」という。）と○○清掃株式会社（以下「乙」という。）は清掃業務請負に関して基本事項を定めるため、下記のとおり基本契約を締結する。

第1条（目的）　公益社団法人○○の日常清掃業務
第2条（請負金額）　月額清掃料20万円（税抜き）

《中　略》

第10条（契約期間）　令和○年4月1日から
　（甲）　神奈川県横浜市中区○○町○番地　公益社団法人○○
　　　　　　　　　　　　　　　　　　代表理事　　○○○○　㊞
　（乙）　神奈川県横浜市西区○○町○番地　○○清掃株式会社
　　　　　　　　　　　　　　　　　　代表取締役　○○○○　㊞

【事例2】　領収書

令和○年4月1日

領　収　書

○○株式会社　様

金　150,000円

上記金額（ただし、商品販売代金）を領収しました。

公益社団法人○○
代表理事　○○○○　㊞

解答

【事例1】

　公益法人が作成する「清掃業務請負契約書」は営利法人と同様に印紙税が課される。事例の場合は、清掃業務を継続的に行うために定めた文書であるが、公益法人は第7号文書（継続的取引の基本となる契約書）の要件である営業者には当たらない。このため、第7号文書には該当せず、第2号文書（請負に関する契約書）に該当し、当契約書は記載金額の計算ができないことから、記載金額の記載のないものに該当し、印紙税額は200円となる。

【事例2】

　「領収書」は、公益法人の場合、営業に関しない受取書に該当し、非課税文書に該当する。

[検討1]　公益法人は営業者となるか

　公益社団法人、公益財団法人、宗教法人、学校法人、医療法人及び社会福祉法人等の公益法人は、公益を目的とし、かつ営利を目的としない法人であるため、印紙税法上の「営業者」には該当しない。事業のうち出版や

物品販売等の収益事業に関して作成するものであっても、営業に関しない受取書に該当する。

　また、行政庁の公益認定を受けていない一般社団法人、一般財団法人については公益法人ではないが、会社以外の法人のうち、法令の規定又は定款の定めにより利益金又は剰余金の配当又は分配をすることができないものは営業者に該当しないこととされている。したがって、この要件に該当する一般社団法人、一般財団法人が作成する金銭又は有価証券の受取書は、収益事業に関して作成するものであっても、営業に関しない受取書に該当し、非課税となる。

[検討2]　継続的取引の基本となる契約書の範囲

　第7号文書の要件は、請負契約の場合、特約店契約書その他名称のいかんを問わず、営業者の間において、請負に関する2以上の取引を継続して行うために作成される契約書で、当該2以上の取引に共通して適用される取引条件のうち目的物の種類、取扱数量、単価、対価の支払方法、債務不履行の場合の損害賠償の方法又は再販売価格を定めるものとされる。

　公益法人は営業者には該当しないため、第7号文書の要件に該当しない。

[まとめ]

　公益法人は営業者とはならないため、請負契約に関して継続的な取引を定めた文書であっても、第7号文書には該当しない。

　したがって、事例の契約書は清掃業務の請負に係る契約であるため、記載金額があるなしにかかわらず、第2号文書に該当する。

　また、受取書については、収益事業に関して作成するものでも、営業に関しない受取書に該当し、非課税となる。

　事例とは別に、特定非営利活動法人（NPO法人）については、会社及び公益法人以外の私法人であり、営利を目的とせず、利益金又は剰余金の配当又は分配を行わないことから、営業者には該当しない。

　したがって、営業者に該当しないNPO法人が作成する受取書は、公益

法人と同様に営業に関しないものとして非課税となる。

> **参考**

◆**公益法人が作成する受取書（基通別表一第17号文書22）**
22　公益法人が作成する受取書は、収益事業に関して作成するものであっても、営業に関しない受取書に該当する。

◆**営業に関しない受取書（課税物件表第17号文書非課税物件欄2）**
第2章参照

国等と締結した清掃業務委託契約書

　当社は、清掃会社です。地方公共団体から日常定期清掃の発注を受け、清掃業務委託契約書を2通作成することとなりました。地方公共団体の作成する契約書は非課税とのことですが、印紙税が課される文書は、地方公共団体が所持するもの又は当社で所持するもののどちらですか。

　契約書の内容は報酬を得て清掃を行う業務を定めており、第2号文書（請負に関する契約書）に該当します。また、清掃業務を継続的に行う契約で、清掃業務の範囲、契約金額、契約金の支払方法等を定めていますが、第7号文書（継続的取引の基本となる契約書）にも該当するのでしょうか。

解答

　地方公共団体が所持する文書は国等以外の者が作成したものとみなされて課税の対象とされ、当社が所持する文書は非課税となる。

　また、第7号文書に該当するかどうかについては、地方公共団体は営業者に当たらないため、第7号文書には該当しない。

[検討1]　国等と当社が共同作成した課税文書

　国等（国、地方公共団体、法別表第二に掲げる者）が作成した文書については、印紙税を課さないこととされていることから、国等と当社が共同作成した課税文書については、国等が保存するものは当社が作成したとみなして課税文書、当社が保存するものは国等が作成したものとみなして非課税文書となる。

[検討2]　第7号文書に該当するか

　国等は営業者には該当しないため、継続的取引の基本となる契約書の範囲を定めた令第26条第1号に規定する「営業者の間」の取引とはならず、国等との間で定めた文書は、7号文書には当たらない。

[まとめ]

　共同作成した文書については、作成者全員の連帯納税義務が生ずるが、そのなかに印紙税が課されない作成者がいた場合、作成通数すべてが課税されないのか、又はすべて課税され、その負担は印紙税が課されない者も負うのかなどの疑問が生ずる。

　共同作成される文書は通常、各当事者が1通ずつ所持する実態をとらえて、印紙税法上では、国等が所持する文書は他の者が作成して国等に交付したもの、他の者が所持する文書は国等が作成して他の者に交付したものと仮定して、国等が所持するものについてのみ課税することとしている。

参考

◆課税文書の作成とみなす場合等（法4⑤）

5　国、地方公共団体又は法別表第二に掲げる者と国等以外の者とが共同して作成した文書については、国等又は公証人法に規定する公証人が保存するものは国等以外の者が作成したものとみなし、国等以外の者が保存するものは国等が作成したものとみなす。

◆国等と国等以外の者とが共同して作成した文書の範囲（基通57）

第57条　法第4条《課税文書の作成とみなす場合等》第5項に規定する「国等と国等以外の者とが共同して作成した文書」とは、国等が共同作成者の一員となっているすべての文書をいうのであるから留意する。

（例）

　国等（甲）と国等以外の者（乙）の共有地の売買契約書

　　売主　甲及び乙

　　買主　丙

　売買契約書を3通作成し、甲、乙、丙がそれぞれ1通ずつ所持する場合

甲が所持する文書	課税
乙が所持する文書	非課税
丙が所持する文書	丙が国等以外の者であるときは非課税 丙が国等であるときは課税

Q12 変更契約書を作成した場合の記載金額等

当社は建築工事を行う法人です。発注者との間で、工事請負契約を締結し、「建築工事請負契約書」を作成しましたが、その後、仕様変更等が発生し、契約金額が変更になりました。

その際に、変更契約書を交わそうと思いますが、変更契約書の記載金額の取扱いはどのようになるのでしょうか。

解答

変更契約書の記載金額については、変更前の契約金額を証明した契約書が作成されているか否か、及び変更契約書における契約金額の記載の証明方法により、取扱いが異なる。

契約金額等の変更の事実を証すべき文書について、当該文書に係る契約についての変更前の契約金額等の記載のある文書が作成されていることが明らかであり、かつ、変更の事実を証すべき文書により変更金額（変更前の契約金額等と変更後の契約金額等の差額に相当する金額をいう。）が記載されている場合（変更前の契約金額等と変更後の契約金額等が記載されていることにより変更金額を明らかにすることができる場合を含む。）には、当該変更金額が変更前の契約金額等を増加させるものであるときは、当該変更金額を当該文書の記載金額とし、当該変更金額が変更前の契約金額等を減少させるものであるときは、当該文書の記載金額はないものとする（通則4ニ）。

上記通則4ニに規定する「当該文書に係る契約についての変更前の契約金額等の記載のある文書が作成されていることが明らかであり」とは、契

約金額等の変更の事実を証すべき文書（変更契約書）に変更前の契約金額等を証明した文書の名称、文書番号又は契約年月日等変更前契約書を特定できる事項の記載があること又は変更前契約書と変更契約書が一体として保管されていること等により、変更前契約書が作成されていることが明らかな場合をいう（基通30②）。

この場合において、建築工事請負契約書（原契約）の請負金額を8,000万円とした事例に基づきパターンにより説明すると、以下のとおりとなる。

【原契約】

建築工事請負契約書

大手株式会社（以下「甲」という。）と、中小建設株式会社（以下「乙」という。）とは、甲の本社事務所建築に関し、次のとおり請負契約を締結する。
1　工事名　大手株式会社本社事務所建築工事
2　工事場所　東京都千代田区〇〇町〇〇
3　工期　令和〇年4月1日から令和〇年10月31日
4　請負金額　80,000,000円（消費税別）
《中　略》
　　　　　　　　　　　　　　　　　　　　　令和〇年3月10日
甲　東京都千代田区〇〇町〇〇　大手株式会社　代表取締役　大手太郎　㊞
乙　東京都港区〇〇町〇〇　中小建設株式会社　代表取締役　中小次郎　㊞

第2号文書（請負に関する契約書）に該当し、記載金額8,000万円、印紙税額30,000円（軽減税率適用）となる。

【事例1-1】 変更前の契約金額を記載した契約書が作成されていることが明らかな場合で変更金額が変更前の契約金額を増加させるものであるとき

<u>変更契約書</u>

　令和○年3月10日付、建築工事請負契約書の契約金額8,000万円（消費税別）を500万円（消費税別）増額する。

　　　　　　　　　　　　　　　　　　　　　　　令和○年8月21日

　甲　東京都千代田区○○町○○　大手株式会社　代表取締役　大手太郎　㊞
　乙　東京都港区○○町○○　中小建設株式会社　代表取締役　中小次郎　㊞

　第2号文書に該当し、記載金額500万円、印紙税額1,000円（軽減税率適用）となる。

【事例1-2】 変更前の契約金額を記載した契約書が作成されていることが明らかな場合で変更金額が変更前の契約金額を減少させるものであるとき

<u>変更契約書</u>

　令和○年3月10日付、建築工事請負契約書の契約金額8,000万円（消費税別）を500万円（消費税別）減額する。

　　　　　　　　　　　　　　　　　　　　　　　令和○年8月21日

　甲　東京都千代田区○○町○○　大手株式会社　代表取締役　大手太郎　㊞
　乙　東京都港区○○町○○　中小建設株式会社　代表取締役　中小次郎　㊞

　第2号文書に該当し、記載金額なし、印紙税額200円となる。

【事例2-1】 変更前の契約金額を記載した契約書が作成されていることが明らかでない場合で変更後の金額が記載されているとき

<u>変更契約書</u>

　当初の契約金額8,000万円（消費税別）を8,500万円（消費税別）とする。

　　　　　　　　　　　　　　　　　　　　　　　　　令和○年8月21日

甲　東京都千代田区○○町○○　大手株式会社　代表取締役　大手太郎　㊞
乙　東京都港区○○町○○　　　中小建設株式会社　代表取締役　中小次郎　㊞

　第2号文書に該当し、記載金額8,500万円、印紙税額30,000円（軽減税率適用）となる。

【事例2-2】 変更前の契約金額を記載した契約書が作成されていることが明らかでない場合で変更金額のみが記載されているとき

<u>変更契約書</u>

　当初の契約金額を500万円増額する。

　　　　　　　　　　　　　　　　　　　　　　　　　令和○年8月21日

甲　東京都千代田区○○町○○　大手株式会社　代表取締役　大手太郎　㊞
乙　東京都港区○○町○○　　　中小建設株式会社　代表取締役　中小次郎　㊞

　第2号文書に該当し、記載金額500万円、印紙税額1,000円（軽減税率適用）となる。

[節税のポイント]

契約金額を変更する変更契約書を作成する場合には、必ず変更前の契約金額を記載した契約書について変更契約書に明示することが肝要である。

参考

◆契約金額を変更する契約書の記載金額（基通30）

第30条　契約金額を変更する契約書（次項に該当するものを除く。）については、変更後の金額が記載されている場合（当初の契約金額と変更金額の双方が記載されていること等により、変更後の金額が算出できる場合を含む。）は当該変更後の金額を、変更金額のみが記載されている場合は当該変更金額をそれぞれ記載金額とする。

（例）　土地売買契約変更契約書において

1　当初の売買金額100万円を10万円増額（又は減額）すると記載したもの
　　　　　　　　　（第１号文書）　110万円（又は90万円）

2　当初の売買金額を10万円増額（又は減額）すると記載したもの
　　　　　　　　　（第１号文書）　10万円

2　契約金額を変更する契約書のうち、通則４のニの規定が適用される文書の記載金額は、それぞれ次のようになるのであるから留意する。

　なお、通則４のニに規定する「当該文書に係る契約についての変更前の契約金額等の記載のある文書が作成されていることが明らかであり」とは、契約金額等の変更の事実を証すべき文書（以下「変更契約書」という。）に変更前の契約金額等を証明した文書（以下「変更前契約書」という。）の名称、文書番号又は契約年月日等変更前契約書を特定できる事項の記載があること又は変更前契約書と変更契約書とが一体として保管されていること等により、変更前契約書が作成されていることが明らかな場合をいう。

(1)　契約金額を増加させるものは、当該契約書により増加する金額が記載金額となる。

（例）　土地の売買契約の変更契約書において、当初の売買金額1,000万円を100万円増額すると記載したもの又は当初の売買金額1,000万円を1,100万円に増額すると記載したもの　　　　　（第1号文書）　100万円

(2)　契約金額を減少させるものは、記載金額のないものとなる。

　　（例）　土地の売買契約の変更契約書において、当初の売買金額1,000万円を100万円減額すると記載したもの又は当初の売買金額1,100万円を1,000万円に減額すると記載したもの　　　　　（第1号文書）　記載金額なし

　　（注）　変更前契約書の名称等が記載されている文書であっても、変更前契約書が現実に作成されていない場合は、第1項の規定が適用されるのであるから留意する。

◆内訳金額を変更又は補充する場合の記載金額（基通31）

第31条　契約金額の内訳を変更又は補充する契約書のうち、原契約書の契約金額と総金額が同一であり、かつ、単に同一号中の内訳金額を変更又は補充するにすぎない場合の当該内訳金額は、記載金額に該当しないものとする。

　　なお、この場合であっても、当該変更又は補充契約書は、記載金額のない契約書として課税になるのであるから留意する。

　　（例）　工事請負変更契約書において、当初の請負金額Ａ工事200万円、Ｂ工事100万円をＡ工事100万円、Ｂ工事200万円に変更すると記載したもの

　　　　　　　　　　　　　　　　　　　　　　　　記載金額のない第2号文書

Q13 外国通貨により表示された記載金額等

　当社は、国外の法人との取引が多く、外国通貨により契約等を結ぶ場合があります。
　この場合、外国通貨により表示された契約書や受取書の記載金額はどのように算出することとなりますか。

解答

　記載金額が外国通貨により表示されている場合は、契約書等の作成時の円建てに換算した金額が記載金額となる。その際の円建てに換算する方法は、契約書等作成時における基準外国為替相場又は裁定外国為替相場を使用する。

[検討1]　記載金額とは

　印紙税法上の記載金額とは、契約金額、券面金額その他当該文書により証されるべき事項に係る金額として当該文書に記載された金額である。

　記載された金額が外国通貨により表示されている場合、表示された外国通貨に応じて、文書作成時の基準外国為替相場又は裁定外国為替相場により、本邦通貨に換算することとなる。

[検討2]　基準外国為替相場及び裁定外国為替相場の入手方法

　基準外国為替相場及び裁定外国為替相場については、日本銀行のホームページにおいて、毎月公示されている。

（換算例）
　・令和○年6月に作成された設計請負契約（第2号文書）
　・契約金額100,000米ドル

・基準外国為替相場によると令和〇年〇月の米ドルは1ドル当たり107円したがって、記載金額1,070万円、印紙税額20,000円となる。

[まとめ]

国内において作成された契約書等が、外国通貨により表示されている場合の記載金額は、基準外国為替相場又は裁定外国為替相場により本邦通貨に換算する。

基準外国為替相場は、米国通貨（ドル）対円の関係で、1ドルにつき〇〇円として、財務大臣が定め、裁定外国為替相場は、本邦通貨と米ドル以外の各国通貨との間の外国為替相場で、米ドルとその他の外国通貨の相場及び本邦通貨と米ドルとの相場によって裁定され、財務大臣が定める。

参考

◆外国通貨により表示されている場合（通則4へ）

ヘ　当該文書の記載金額が外国通貨により表示されている場合には、当該文書を作成した日における外国為替及び外国貿易法（昭和24年法律第228号）第7条第1項《外国為替相場》の規定により財務大臣が定めた基準外国為替相場又は裁定外国為替相場により当該記載金額を本邦通貨に換算した金額を当該文書についての記載金額とする。

◆記載金額の計算（基通24⑽）

⑽　記載金額が外国通貨により表示されている場合

　　　　　　　　　　　　　文書作成時の本邦通貨に換算した金額

（例）　債権売買契約書

　　　A債権　米貨10,000ドル　（第15号文書）130万円

　　（注）　米貨（ドル）は基準外国為替相場により、その他の外国通貨は裁定外国為替相場により、それぞれ本邦通貨に換算する。

Q14 契約金額等の計算をすることができる場合

　当社は製造業者です。委託加工を行う際に単価の取決めは注文請書を交付していますが、注文請書に係る記載金額はどうなりますか。

　　　　　　　　　　　　　　　　　　　　　　　　令和〇年9月17日

〇〇株式会社　殿

　　　　　　　　　　　　　　注　文　請　書

　下記製品の加工を請け負います。
　1　品　　名　　〇〇〇
　2　加工単価　　1個につき　1,000円
　3　加工数量　　加工数量は貴注文書第53号のとおりとします。

　　　　　　　　　　　　　　　　〇〇電機株式会社　製造管理部
　　　　　　　　　　　　　　　　　　管理部長　〇〇〇〇　㊞

【参考】 注文書（不課税文書）

```
                                    令和○年8月31日
                                    注文書 No.53
○○電機株式会社　殿

             注　文　書

　下記の商品の加工を注文します。
1　品　　名　　○○○
2　加工数量　　10,000個
              《中　略》
                              ○○株式会社　㊞
```

解答

　第2号文書（請負に関する契約書）に該当し、記載金額1,000万円、印紙税額は10,000円となる。

[検討]　他の文書を引用している文書の判断

　他の文書を引用している場合は、契約期間及び契約金額以外は、その文書に記載されているものとして課否を判断する。

　ただし、第1号文書又は第2号文書に該当する場合の契約金額については、課税文書、非課税文書以外の文書から引用される（通則4ホ二）。

引用する項目	引用元の文書	引用先の文書	引用の有無
契約期間、契約金額以外	すべての文書	すべての文書	引用する
契約期間	すべての文書	すべての文書	引用されない
契約金額	課税文書 非課税文書	すべての文書	引用されない
契約金額	不課税文書	第1号文書 第2号文書	引用する

第3章　印紙税Q&A

また、第17号の１文書（売上代金に係る金銭又は有価証券の受取書）の場合は、有価証券、支払通知書、請求書等の受取金額の記載のある文書を特定できる事項の記載があることにより、当事者間において、売上代金に係る受取金額が明らかであるときには、その明らかである金額を受取書の記載金額とする（通則４ホ三）。

　事例の注文請書は第２号文書に該当し、引用元は注文書（不課税文書）であることから、注文書から契約金額の計算をすることができる。

　注文書から加工数量10,000個を引用し、記載金額は単価1,000円×加工数量10,000個で1,000万円となる。

［まとめ］

　事例の注文請書のように、その注文請書に記載されていない内容であっても、他の文書を引用する旨の文言がある場合には、一定の要件のもと、その文書に記載されているものとして文書の課否を判断することとなる。

　それにより、注文請書に契約金額の記載がなくても、注文書から加工数量を引用して記載金額が計算される。

［節税のポイント］

　事例の場合は、引用されなければ記載金額なしで印紙税額200円のところが、引用されることにより印紙税額が10,000円となっており、注文請書に注文書からの引用文言を記述しない方が印紙税額は少なくてすむ。このように、作成者の予期しないところで、記載金額の計算ができる場合もあるため、作成時には注意が必要である。

参考

◆他の文書を引用している文書の判断（基通４）

第４条　一の文書で、その内容に原契約書、約款、見積書その他当該文書以外の文書を引用する旨の文言の記載があるものについては、当該文書に引用されているその他の文書の内容は、当該文書に記載されているものとして当該文書の内容を判断する。

2　前項の場合において、記載金額及び契約期間については、当該文書に記載されている記載金額及び契約期間のみに基づいて判断する。

(注)　第1号文書若しくは第2号文書又は第17号の1文書について、通則4ホ（二）又は（三）の規定が適用される場合には、当該規定に定めるところによるのであるから留意する。

◆記載金額の決定（通則4ホ二）

(二)　第1号又は第2号に掲げる文書に当該文書に係る契約についての契約金額又は単価、数量、記号その他の記載のある見積書、注文書その他これらに類する文書（課税物件表に掲げる文書を除く。）の名称、発行の日、記号、番号その他の記載があることにより、当事者間において当該契約についての契約金額が明らかであるとき又は当該契約についての契約金額の計算をすることができるときは、当該明らかである契約金額又は当該計算により算出した契約金額を当該第1号又は第2号に掲げる文書の記載金額とする。

◆記載金額の決定（通則4ホ三）

(三)　第17号に掲げる文書のうち売上代金として受け取る有価証券の受取書に当該有価証券の発行者の名称、発行の日、記号、番号その他の記載があること、又は同号に掲げる文書のうち売上代金として受け取る金銭若しくは有価証券の受取書に当該売上代金に係る受取金額の記載のある支払通知書、請求書その他これらに類する文書の名称、発行の日、記号、番号その他の記載があることにより、当事者間において当該売上代金に係る受取金額が明らかであるときは、当該明らかである受取金額を当該受取書の記載金額とする。

Q15 誤って納付した印紙税の還付

　当社は塗装会社です。

　塗装工事の依頼があり、注文請書を作成しましたが、請負金額600万円のところを500万円と誤って記載してしまいました。相手方に交付する前に気がつき、金額を訂正した請書を作り直して交付しましたが、先方に渡すことなく不要になった請書の収入印紙はどうなりますか。

```
○○商店株式会社　殿

                注 文 請 書              収入印紙
                                          1,000円
　下記のとおり○○店塗装工事をお請けいたします。
                        記
　工事注文番号　○号
　請負金額　　500万円　　誤り600万円

                                    令和　年　月　日

　東京都中央区新川　○○建設株式会社　代表取締役　○○○○
```

解答

　印紙税の納税義務は課税文書の作成があった時に成立するものであり、注文請書のように相手方に交付することを目的として作成される文書の作成の時とは、相手方に交付した時となる。

　この場合のように、あらかじめ文書に収入印紙を貼付したものの、納税義務が成立しなかった場合の印紙は過誤納金として税務署において還付の

手続きを行うことができる。

[検討 1] 収入印紙貼付による印紙税の還付が受けられる要件

① 印紙税納付の必要のない不課税文書や非課税文書に誤って収入印紙を貼り付け又は納付印を押印した場合

（例）

　委任状（不課税文書）に収入印紙を貼付し、消印をした。

② 本来貼付すべき印紙税額よりも多く収入印紙を貼付してしまった場合

（例）

　軽減税率が適用される不動産売買契約書に誤って本則どおりの収入印紙を貼付した。

③ 契約書作成時に収入印紙を貼付したが、作成途中で損傷、汚染、書損等により使用する見込みがなくなり、契約書として成立していない場合

（例）

　共同作成者である契約書……相手方の署名・押印がない文書

　相手方に交付する文書……相手方に交付する前の文書

[検討 2] 印紙税の還付が受けられる範囲

　収入印紙は、印紙税のみでなく、登録免許税や諸手数料の納付等多くの用途に用いられている。印紙税の過誤納還付の対象になるのは、印紙税の納付の必要がない文書に誤って収入印紙を貼り付けたり、課税文書に所定の金額を超える収入印紙を貼り付けたりした場合で、収入印紙により納付することとなっている印紙税以外の租税又は国の歳入金を納付するための文書に誤って過大な収入印紙を貼り付けたものは、印紙税の還付の対象にはならない。

[検討 3] 手続き

　印紙税の過誤納金の還付を受けようとする場合は、「印紙税過誤納確認申請書」（3枚複写）と過誤納となっている文書を、過誤納となっている文書を作成した日から5年以内にその印紙税の納税地の所轄税務署長に提出し、印紙税の過誤納の事実の確認を受けて、後日銀行振込みにより、還

付を受けることとなる。

収入印紙の交換制度（郵便局）

　金額の異なる印紙を誤って購入した場合など、購入した収入印紙が不要となった場合は、「印紙をもってする歳入金納付に関する法律」及び「収入印紙及び自動車重量税印紙の売りさばきに関する省令」に基づき、郵便局において他の印紙と交換することができる制度が設けられている。

　その場合、郵便局の窓口で、交換手数料（交換しようとする収入印紙1枚当たり5円）を支払い、他の印紙と交換することとなる。

　ただし、次の要件に該当する場合は交換することもできない。
① 　汚損し又はき損されている収入印紙
② 　租税又は国の歳入金の納付に用いられた疑いがある収入印紙
③ 　文書に貼り付けられていた収入印紙で、文書から切り離されたもの

　このうち②については、収入印紙が貼り付けられている文書を最寄りの税務署に提示し、その収入印紙が印紙税の納付のために用いられたものかどうかの確認を受けることとなっている。

　例えば、印紙税を納付する目的以外で印紙を貼付したことが明らかな登記申請書や各種申請書等に貼り付けた収入印紙が不要となった場合には、最寄りの郵便局において交換の手続きを行うが、郵便局において税務署長の確認を受けるようにいわれた場合は、税務署で「印紙税法第14条《印紙税に係る過誤納金の還付》不適用確認」を受け、再度郵便局で交換手続きを行うこととなる。

　印紙税法第14条不適用確認とは、印紙税の納付目的で文書に印紙を貼り付けたものではないという確認を税務署において受ける手続きであり、この場合においても、収入印紙が消印される等汚損しているときには、収入印紙の交換の対象にはならないので注意が必要である。

[まとめ]

　印紙税の還付については、課税文書でない文書に誤って印紙を貼り付け納付印を押した場合や、本来の納付額よりも多く印紙を貼付してしまった場合を除いては、契約が成立してしまうと還付の対象にはならない。

例えば、契約成立後に変更等があり、再度契約書を作り直した場合であっても、不要となった当初契約は、契約時点において納税義務が成立しているものであり、還付の対象とはならないので注意が必要である。

> ### 参考

◆納税義務の成立及びその納付すべき税額の確定（国税通則法15②十一）
2　納税義務は次の各号に掲げる国税については、当該各号に定める時に成立する。
（中略）
十一　印紙税　課税文書の作成の時

◆作成等の意義（基通44）
Q3の「参考」参照

◆還付金等の消滅事項（国税通則法74①）
第74条　還付金等に係る国に対する請求権は、その請求をすることができる日から5年間行使しないことによって、時効により消滅する。

Q16 印紙税過誤納確認申請書の書き方

　所定の印紙税額よりも過大に収入印紙を貼付した契約や、収入印紙を貼付し、割印を押したものの作成途中で書損等により契約が成立しなかった場合には、印紙税の過誤納金としての還付を「印紙税過誤納確認申請書」により行うことができると聞きましたが、記入の方法について教えてください。

【事例１】　軽減税率の適用がある不動産売買契約書に本則税率分の収入印紙を貼付して、納付額が超過となった場合

　　　　　　　　　　　　　　　　　　　　　　　　令和○年６月30日

収入印紙
㊞割印
２万円

　　　　　　　　　　不動産売買契約書

　甲（売主）は乙（買主）に甲所有の下記の不動産を乙に譲渡することとする。
　土地：神奈川県横浜市中区○○町○―○　　○○㎡
　売買価格：2,500万円
　　　　　　　　　　〈以下余白〉
　甲（売主）　　横浜市港北区○○５―５―５
　　　　　　　　○○不動産株式会社　代表取締役○○○○　㊞
　乙（買主）　　東京都中央区○○３―２―１
　　　　　　　　○○工業株式会社　代表取締役○○○○　㊞

【事例2】 領収書の作成時に、収入印紙を貼付し、割印を押したが、相手方に交付する前に領収金額が誤っていることに気がつき、その領収書は使用する見込みがなくなった場合

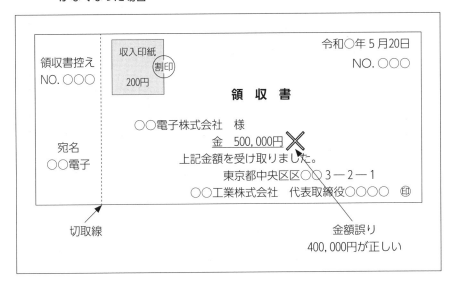

解答

印紙税の過誤納金の還付を受けようとする場合は、下記「印紙税過誤納確認申請書」（3枚複写）と過誤納となっている文書を過誤納となっている文書を作成した日から5年以内に文書の作成場所を管轄する税務署に提出し、還付を受けることとなる。

[記載例]

印紙税過誤納 確認申請 書
(売当請求 取消線)

GL2016

整理番号

収受印

提出用

令和○年7月○日

申請者・請求者

住所 (〒○○○-○○○○) 東京都中央区 ○○3-2-1
電話 (○○) ○○ 局 ○○ 番

(フリガナ) コウギョウカブシキガイシャ
氏名又は名称及び代表者氏名 ○○工業株式会社 代表取締役 ○○ ○○ ㊞

個人番号又は法人番号 ××××××××××××

(フリガナ)
同上代理人

○○税務署長殿

☑ 下記のとおり印紙税法施行令第14条第1項の規定により過誤納の確認を申請します。
□ 下記のとおり印紙税法施行令第14条第4項の規定により過誤納の確認と充当を請求します。

区分号別	文書の種類（物件名）納付年月日	文書の名称又は呼称数量	納付税額（区分が「2」の場合のみ記載してください。）過誤納税額	過誤納となった理由（その他は裏面参照）
①	不動産の譲渡に関する契約書 1 1 0 0 0 6 3 0	不動産売買契約書 1	10000 10000	☑書損等 □納付額超過 □その他
②	売上代金に係る金銭の受取書 1 7 1 0 0 0 5 2 0	領収書 1	200 200	☑書損等 □納付額超過 □その他
③				□書損等 □納付額超過 □その他
④				□書損等 □納付額超過 □その他
合計（数量及び過誤納税額）		2	10200	左記充当請求金額は、令和　年　月　日付の印紙税納付印押なつ請求書（印紙税納付計器使用請求書）に記載した印紙税相当額に充当してください。
充当請求金額				
還付金額			10200	

3枚のうち1枚目・3枚とも署名押印して提出してください。

OCR入力用（この用紙は機械で処理しますので、汚したり折り曲げたりしないでください）

| 証拠書類 | 不動産売買契約書・領収書 |
| 参考事項 | |

還付を受けようとする金融機関
1. 銀行等の預金口座に振込みを希望する場合
○○ 銀行・信用金庫・信用組合・農協・漁協
○○ 本店・支店出張所・本所・支所

普通 預金
口座番号 ×××××××

2. ゆうちょ銀行の貯金口座に振込みを希望する場合
貯金口座の記号番号

3. 郵便局等の窓口受取りを希望する場合

※ 上記の過誤納の事実のとおり令和　年　月　日確認し（充当請求金額については同日請求のとおり充当し）ました。
なお、還付金額は、他に未納の国税等がない場合に右記お申し出の方法により還付することになりますので、後日、改めてお知らせします。

第　　　　号
令和　　年　　月　　日

CC2-3721

| 過誤納の態様 | 印紙を貼り付けた文書、税印を押印した文書又は印紙税納付計器により印紙税額に相当する金額を表示して納付印を押した文書に係る印紙税の過誤納 | 1 |
| | 印紙税印押なつ請求又は印紙税納付計器使用請求に際して納付した印紙税の過誤納 | 2 |

「※」欄及び「税務署整理欄」は、記載しないでください。

税務署整理欄
請求年月日
通信日付印 令和　年　月　日
確認印
金融機関等
番号確認　身元確認　確認書類　個人番号カード/通知カード・運転免許証　その他
□済
□未済

114

《申請に当たっての注意点》
・提出先は、文書の作成場所を管轄する税務署
・過誤納となった文書の提示が必要
・還付金の振込は申請者本人名義の口座

参考

◆過誤納の確認等（令14）

第14条　法第14条第１項の確認を受けようとする者は、次に掲げる事項を記載した申請書を当該税務署長に提出しなければならない。

一　申請者の住所、氏名又は名称及び個人番号又は法人番号（個人番号又は法人番号を有しない者にあっては、住所及び氏名又は名称）

二　当該過誤納に係る印紙税の次に掲げる区分に応じ、次に掲げる事項

　イ　印紙を貼り付けた文書、税印を押した文書又は印紙税納付計器により印紙税額に相当する金額を表示して納付印を押した文書に係る印紙税
　　　当該文書の種類、当該種類ごとの数量、当該過誤納となった金額及び当該印紙を貼付け又は当該税印若しくは納付印を押した年月日

　ロ　イに掲げる印紙税を除くほか、法第９条第２項又は法第10条第４項の規定により納付した印紙税
　　　当該納付した印紙税の額、当該印紙税の額のうち過誤納となった金額及び当該納付した年月日

三　過誤納となった理由

四　その他参考となるべき事項

2　法第14条第１項の確認を受けようとする者は、前項の申請書を提出する際、当該過誤納となった事実を証するため必要な文書その他の物件を当該税務署長に提示しなければならない。

3　税務署長は、法第14条第１項の確認をしたときは、前項の規定により提示された文書その他の物件に当該確認をしたことを明らかにするため必要な措置を講ずるものとする。

4 法第14条第2項の規定による確認と充当との請求をしようとする者は、第1項各号に掲げる事項及び当該過誤納金をその納付すべき印紙税に充当することを請求する旨を記載した請求書を当該税務署長に提出しなければならない。

5 第2項の規定は法第14条第2項の確認及び充当の請求をする場合について、第3項の規定は同条第2項の充当をした場合について、それぞれ準用する。

書式表示による納付

　当社は飲食チェーン店です。各店舗において、売上代金は社員のほかに、アルバイトなどもレジを利用し、領収しています。売上代金を現金で領収した場合、手書きの領収書のほかに、レジから出力されるレシートや領収書についても、5万円以上の領収には収入印紙の貼付が必要である旨を社員等に伝えてはいますが、レジの混雑時など収入印紙の貼付漏れが発生しないか心配です。
　収入印紙を貼付せずに印紙税を納める方法はないでしょうか。

解答

　印紙税は、課税文書に収入印紙を貼付し、消印をすることにより納付するのが原則であるが、納付の特例として、書式表示による申告納付の方法がある。
　書式表示による申告納付とは、税務署長の承認を受けてレシート等に所定の表示をすることにより、収入印紙を貼付せず、金銭をもって印紙税を納付する方法である。
　承認の要件は以下のとおりである。
(1)　様式又は形式が同一であること
　「様式又は形式が同一」に該当するかどうかは、文書の名称、記載内容、大きさ、彩紋等を基準として判定するが、例えば、定型化された様式であれば、作成日付、数量、記載金額などを記載する欄を空欄にしておき、作成の都度これらの部分を記載することとしているものも同一の文書として取り扱われる（基通78）。

(2) 作成の事実が後日においても明らかにされること

　書式表示による納付方法は、課税文書を作成した月の翌月末日を納期限として印紙税を納付するものであるため、その作成事実が後日になっても明らかにされるものでなければならない（基通79）。

(3) 作成される課税文書が次のいずれかに該当するものであること

　① 毎月継続して作成されることとされているもの
　② 特定の日に多量に作成されることとされているもの

　承認を受けた場合には以下の表示をしなければならない（法11③）。

印紙税申告納付につき○○税務署承認済	縦17ミリメートル以上 横15ミリメートル以上	印紙税申告納付につき○○税務署承認済	縦15ミリメートル以上 横17ミリメートル以上

＊○○には承認をした税務署名が入る

【手続き】

　印紙税の書式表示による申告納付の特例制度の適用を受けるに当たっては、あらかじめ課税文書を作成しようとする場所の所在地の所轄税務署長の承認を受けなければならない。また、承認を受けた者は書式表示による申告書を、作成した翌月末までに承認をした税務署長に提出し、申告書の提出期限までに国に納付を行わなければならない。

［検討］　書式表示による納付を利用するメリット、デメリット

（メリット）

　・収入印紙を購入する必要がないため、各店舗における収入印紙の受払管理をする手間が省ける。
　・貼付漏れを防ぐことができる。

（デメリット）

　・レジの場合は、システムの修正が必要であり、初期コストがかかる。
　・1か月ごとに集計し申告納付するための事務担当者が必要となる。

[まとめ]

　家電量販店、飲食店等、現金を頻繁に領収する業態の場合、レジごとに収入印紙を備え付け、領収時に印紙の貼付を行うことは、貼付漏れが発生しやすい。

　そこで、書式表示により申告納付を行うこととすれば、システム修正に係る費用が必要となるが、レジごとの収入印紙の管理は必要なく、貼付漏れの心配もなくなる。

　したがって、領収書を毎月多量に作成するような事業の場合、書式表示により納付を行うことは事務量削減につながると考えられる。

参考

◆書式表示による申告及び納付の特例（法11）

第11条　課税文書の作成者は、課税文書のうち、その様式又は形式が同一であり、かつ、その作成の事実が後日においても明らかにされているもので次の各号の一に該当するものを作成しようとする場合には、政令で定めるところにより、当該課税文書を作成しようとする場所の所在地の所轄税務署長の承認を受け、相当印紙のはり付けに代えて、金銭をもって当該課税文書に係る印紙税を納付することができる。

　一　毎月継続して作成されることとされているもの
　二　特定の日に多量に作成されることとされているもの

2　前項の承認の申請者が第15条の規定により命ぜられた担保の提供をしない場合その他印紙税の保全上不適当と認められる場合には、税務署長は、その承認を与えないことができる。

3　第1項の承認を受けた者は、当該承認に係る課税文書の作成の時までに、当該課税文書に財務省令で定める書式による表示をしなければならない。

4　第1項の承認を受けた者は、政令で定めるところにより、次に掲げる事項を記載した申告書を、当該課税文書が同項第1号に掲げる課税文書に該当する場合には毎月分（当該課税文書を作成しなかった月分を除く。）をその翌月

末日までに、当該課税文書が同項第2号に掲げる課税文書に該当する場合には同号に規定する日の属する月の翌月末日までに、その承認をした税務署長に提出しなければならない。

一　その月中（第1項第2号に掲げる課税文書にあっては、同号に規定する日）に作成した当該課税文書の号別及び種類並びに当該種類ごとの数量及び当該数量を税率区分の異なるごとに合計した数量（次号において「課税標準数量」という。）

二　課税標準数量に対する印紙税額及び当該印紙税額の合計額（次項において「納付すべき税額」という。）

三　その他参考となるべき事項

5　前項の規定による申告書を提出した者は、当該申告書の提出期限までに、当該申告書に記載した納付すべき税額に相当する印紙税を国に納付しなければならない。

6　第1項第1号の課税文書につき同項の承認を受けている者は、当該承認に係る課税文書につき同項の適用を受ける必要がなくなったときは、政令で定める手続により、その旨を同項の税務署長に届け出るものとする。

印紙税書式表示承認申請書及び納税申告書の書き方

　当社は電気店です。レジにて売上代金を領収した際にレシートをお客様に渡しております。5万円以上の金銭を受け取った場合には収入印紙を貼付していますが、毎月対象となる数量も多く貼付漏れを防ぐためにも、書式表示により、印紙税を納付したいと思います。

　書式表示承認申請書の記入方法及び納税申告書の記入方法について教えてください。

(見本)

```
          レシート
          令和○年8月×日
   A商品      110,000円
   B商品       55,000円
   (うち消費税   15,000円)
   お買上計    165,000円
   預かり     170,000円
   お釣り       5,000円
  毎度ありがとうございます。

  ○○○○電機㈱
```

解答

　印紙税の書式表示による申告納付の特例を受ける場合には、あらかじめ課税文書を作成する場所の所在地の所轄税務署長の承認を「印紙税書式表

示承認申請書」により受ける。
　申告納付については、毎月その月中に作成した課税文書に係る課税標準数量及び納付すべき税額等を記載した「印紙税納税申告書（書式表示用）」を、作成した翌月末日までに承認を受けた税務署長に提出し、申告書の提出期限までに印紙税を国に納付しなければならない。

[記載例]
◎印紙税書式表示承認申請書

CC2-3709

印紙税書式表示承認申請書

2通提出

収受印	令和○年8月○日	申請者	(住　所)　(〒○○○-○○○○) 東京都中央区　○○3－2－1　(電話番号　○○－○○○○－○○○○) (氏名又は名称及び代表者氏名) ○○○○電機株式会社　代表取締役○○　○○　㊞ (個人番号又は法人番号) ↓個人番号の記載に当たっては、左端を空欄とし、ここから記載してください。 ×｜×｜×｜×｜×｜×｜×｜×｜×｜×｜×｜×｜×	※個人番号又は法人番号は、税務署提出用2通の内1通のみに記載してください。	署長
	○○　税務署長殿				副署長

下記のとおり、印紙税法施行令第10条第1項の規定により申請します。

印紙税法第11条第1項 各号に掲げる区分	① 毎月継続して作成されることとされている課税文書 ② 特定の日に多量に作成されることとされている課税文書					統括官
課税文書	号　　別	17－1				担当者
	種類 物件名	売上代金に係る金銭の受取書				
	名　称	レシート				
作成予定数量	約800					起案 / 決裁
適用開始年月日又は 作成予定年月日	令和 ○・11・○	令和	令和	令和	令和	
課税文書の様式 又 は 形 式	別添のとおり					令和　年　月　日
課税文書の作成の事 実が後日においても 明らかにされる方法	印紙税集計管理簿					令和　年　月　日
参 考 事 項						

※　上記について下記条件を付し、印紙税法第11条第1項の承認をします。

　　　　　　　　第　　　　号

　令　和　　年　　月　　日

　　　　　　　　　　　　　　　　　税務署長　　　　　　　　　㊞

条件	1　承認を受けた課税文書の受払い等に関係ある帳簿等の提示を求められたときは、速やかにこれに応ずること。 2　印紙税法第15条の規定により担保の提供を命ぜられたときは、速やかにこれに応ずること。

※税務署整理欄	番号確認		身元確認	□ 済 □ 未済	確認書類 個人番号カード／通知カード・運転免許証 その他（　　　　　　　　　　）
	整理番号		入力整理		

注意　1　この申請書は、印紙税法第11条第1項各号《書式表示による申告及び納付の特例》に掲げる区分ごとに、それぞれ2通提出してください。
　　　2　「印紙税法第11条第1項各号に掲げる区分」欄は、該当しないこととなるいずれか一方を二重線で抹消してください。
　　　3　印紙税法第11条第1項1号に該当するものについては、「作成予定数量」欄の記載を要しません。
　　　4　※印欄は、記載しないでください。
　　　5　この申請書には、承認を受けようとする課税文書の見本を添付してください。
　　　6　課税文書の様式を変更した場合は、新たに承認を受ける必要があります。

◎印紙税納税申告書（書式表示用）

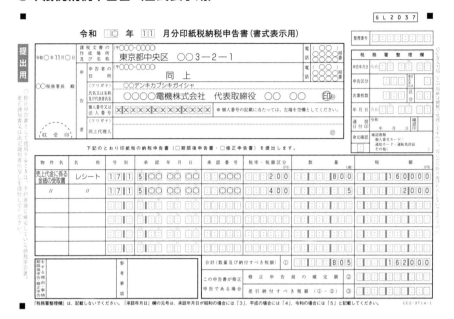

［補足］

印紙税の書式表示の適用を受ける必要がなくなった場合には、「印紙税書式表示承認不適用届出書」を提出する。

なお、申告等については電子による申告申請及び電子納税による方法も可能である。

参考

◆書式表示の承認区分（基通83）

第83条　法第11条《書式表示による申告及び納付の特例》第１項に規定する書式表示の承認について、同項第１号の承認は、毎月継続的に作成することが予定されているものに対する包括承認であり、同項第２号の承認は、特定の日に多量に作成することが予定されているものに対する都度承認である。

2　課税事項の追記が予定されている文書については、当初に作成される文書

に法第11条第1項に規定する承認を与えるほか、当初に作成される文書及び追記により作成したとみなされる文書に併せて同項の承認を与えることができるものとする。

　なお、この場合においては、当該承認の効果の及ぶ範囲を明らかにしておく必要があることに留意する。

◆申告書の記載事項（基通88）

第88条　法第11条《書式表示による申告及び納付の特例》第4項の規定による申告書の記載事項については、次による。

(1) 同項第1号に規定する「種類」とは、課税物件表に掲げる課税物件名及び当該課税物件名ごとの名称とする。

　　（例）　売上代金に係る金銭の受取書　　領収証

(2) 同号に規定する「税率区分の異なるごと」とは、課税物件表の課税標準及び税率欄に掲げる税率の区分の異なるごとをいう。

2　第83条《書式表示の承認区分》第2項に規定する当初に作成された文書及び追記により作成したとみなされる文書につき併せて法第11条第1項に規定する承認を与えた場合には、同条第4項の規定による申告書には、それぞれ区分して記載させるものとする。

◆書式表示の承認の取消し（基通90）

第90条　次に掲げる場合には、原則として、法第11条《書式表示による申告及び納付の特例》第1項の規定による承認を取り消す。

(1) 承認に係る課税文書の作成日、作成数量及び税率区分が容易に確認できなくなった場合

(2) 承認に係る課税文書の作成数量がきん少となった場合

(3) 承認を受けた者が法に違反して告発された場合

(4) 承認を受けた者が承認の条件に違反した場合

(5) その他印紙税の取締り上不適当と認められる場合

Q19 印紙税納付計器による納付

　当社は設備保守会社です。取引先との間で毎回、保守契約書を交わしますが、契約件数も多く、収入印紙を管理するのは手間がかかります。そこで、できるだけ事務負担を簡素化したいと考えていますが、何かよい方法はありませんか。

解答

　印紙税は、課税文書に収入印紙を貼付し、消印をすることにより納付するのが原則で、収入印紙をあらかじめ用意していなければならない。そのため、印紙税が課される書類を多量に作成するような事業所では、数種類の収入印紙を常時購入・保管しなければならず、管理するうえでも負担となる。

　そこで、事務負担を簡素化する方法として、印紙税納付計器による方法が考えられる。すなわち、あらかじめ納付した金額を限度として、印紙税納付計器により、その課税文書に課される印紙税額に相当する金額を表示した納付印を押すことで納税する方法である。

　承認から利用までの手順は以下のとおりである。

(1) 　印紙税納付計器の販売業者に納付計器の購入を申し込む。
(2) 　納付計器を設置しようとする事業所の所在地を所轄する税務署長に「印紙税納付計器設置承認申請書」又は「印紙税納付計器設置承認・被交付文書納付印押なつ承認申請書」を提出し、承認を受ける。
(3) 　承認を受けると、指定された記号番号が記載された証明書が交付されるので、印紙税納付計器の販売業者にそれを渡す。販売業者で納付印の

製造承認を受けた後、納付印を作成し、納付計器にセットしたところで、納付計器の引渡しを受ける。

(4) 利用するには、設置承認を受けた所轄税務署において、使用可能となるように措置を受ける必要があるため、以下の書類が必要となる。
　① 「印紙税納付計器使用請求書」
　② 印紙税納付計器又は使用措置を受けるために必要な始動票札・カード等
　　＊納付計器の種類により、計器本体を税務署に持ち込みセットする場合と始動票札だけでセットできる場合がある。
　③ 印紙税相当額を納付した領収証書

(5) 納付計器により、自らが課税文書に印紙税額を表示した納付印を押印する。なお、計器の種類としては、200円専用の計器と、押印の都度、金額が変えられる計器がある。

【納付印によって押される印影】

　縦26ミリメートル
　　　　　　　横22ミリメートル

　甲　縦26ミリメートル
　　　　　　　　横22ミリメートル
　　　　　　乙　縦28.6ミリメートル
　　　　　　　　横24.2ミリメートル

＊「金額」欄には納付する金額、「税務署名記号番号」欄には承認を受けた税務署、記号番号が入る

[検討] 納付計器を利用するメリット、デメリット

(メリット)
　・印紙を購入する必要がないため、印紙を管理する手間が省ける。
(デメリット)
　・納付計器を保管、管理する担当者が必要である。
　・納付計器を購入する費用がかかる。

[まとめ]
　印紙税納付計器を使用することにより、収入印紙を貼る手間が省けると

ともに、収入印紙を管理する必要もなく、便利である。また、納付計器の承認を受けた者は、あらかじめ交付文書についての押なつ承認を受けることにより、自らが作成する文書に限らず、交付を受ける課税文書の作成者のために、その交付を受ける文書にも納付計器により納付印を押すことができる。

> **参考**

◆印紙税納付計器の使用による納付の特例（法10①②）

第10条　課税文書の作成者は、政令で定めるところにより、印紙税納付計器を、その設置しようとする場所の所在地の所轄税務署長の承認を受けて設置した場合には、当該課税文書に相当印紙を貼り付けることに代えて、当該印紙税納付計器により、当該課税文書に課されるべき印紙税額に相当する金額を表示して納付印を押すことができる。

2　前項の承認を受けて印紙税納付計器を設置する者は、政令で定めるところにより、同項の税務署長の承認を受けて、その者が交付を受ける課税文書の作成者のために、その交付を受ける際、当該作成者が当該課税文書に相当印紙を貼り付けることに代えて、当該印紙税納付計器により、当該課税文書に課されるべき印紙税額に相当する金額を表示して納付印を押すことができる。

◆印紙税納付計器により納付印を押すことができる課税文書の範囲（基通73）

第73条　法第10条《印紙税納付計器の使用による納付の特例》第１項の規定は、同項の規定により印紙税納付計器の設置の承認を受けた者が作成する課税文書（当該印紙税納付計器の設置の承認を受けた者とその他の者とが共同して作成するものを含む。）について適用されるのであるから留意する。

2　法第10条第２項の規定は、同条第１項の規定により印紙税納付計器の設置の承認を受けた者が、更に、同条第２項の規定による承認を受けた場合に限り、その交付を受ける課税文書について適用されるのであるから留意する。

印紙税納付計器設置承認申請書及び印紙税納付計器使用請求書の書き方

　収入印紙を貼付することに代えて、印紙税納付計器を使用し、印紙税を納付したいのですが、申請手続方法を教えてください。

解答

　印紙税は原則として、収入印紙を貼付し、これに消印をすることにより納付するものであるが、印紙税納付計器による印紙税の納付方法も認められている。

　印紙税納付計器により印紙税の納付を行う場合は、①事業所の所在地を管轄する税務署長に「印紙税納付計器設置承認申請」を行う。②税務署長から承認された場合は、承認番号が与えられる。これが赤色表示の税務署名と承認番号である。③承認後印紙税納付計器を購入し、設置後あらかじめセット金額を現金で納付し、印紙税納付計器をその納付額に合わせて使用できるようにセットする。

　このセットは「印紙税納付計器使用請求書」及びセットに必要なカウンター等を持参し、税務署で所定の措置を行い、機種により異なるが封印等をすることにより、セット金額まで使用することができる。

(注)　なお、印紙税納付計器又は納付印を製造しようとする者は、税務署長の承認が必要であり、納付計器の購入に関しても正規の販売業者から購入することが必要である。

[記載例]
◎印紙税納付計器設置承認申請書

CC2-3705

印紙税納付計器設置承認申請書
（設置承認専用）

3通提出(注1)	収受印		署長
	令和○年○月○日	申請者	(住所)（〒○○○-○○○○） 東京都中央区○○　○-○-○ （電話番号 ○○-○○○○-○○○○）	副署長
			(氏名又は名称及び代表者氏名) ○○○○電機株式会社　代表取締役　○○○○　㊞	
	品川税務署長殿		(個人番号又は法人番号) ↓個人番号の記載に当たっては、左端を空欄とし、ここから記載してください。 ×××××××××××××	※個人番号又は法人番号は、税務署提出用3通（2通）の内1通のみに記載してください。	統括官

下記のとおり、印紙税法施行令第8条第1項の規定により申請します。

印紙税納付計器を設置しようとする場所	(所在地)（〒○○○-○○○○） 東京都品川区港南○-○-○	(名称) ○○○○電機株式会社　品川支店 （電話番号 ○○-○○○○-○○○○）	担当者
計器の名称、形式及び計器番号	×××× ○○○○-○○○○	印紙税納付計器を設置しようとする年月日	令和○年○月○日	起案	決裁
計器の購入先	(所在地)（〒○○○-○○○○） 東京都○○区○○　○-○-○	(氏名又は名称) ○○○○株式会社		
参考事項	設置場所：○○○○電機株式会社　品川支店　経理課 押なつする主な文書：領収書、注文請書　等		令和	令和

※　上記について下条件を付し、印紙税法第10条第1項の規定による印紙税納付計器の設置の承認をします。
　　なお、計器に付すべき納付印の税務署名、記号及び番号を、下記のとおり指定します。

　　　　　　　第　　　号
　令和　　年　　月　　日
　　　　　　　　　　　　　　　税務署長　　　　　　　㊞

条件	1　かぎを付することとなっている印紙税納付計器を設置したときは、その使用前に当該印紙税納付計器のかぎを当税務署長に預けておくこと。 2　印紙税納付計器に故障その他の事故が生じたときは、その旨を直ちに当税務署長に届け出て、その指示に従うこと。 3　印紙税納付計器の設置を廃止したとき、又は納付印を取り替えたときは、当税務署長の指示するところにより、不要となった納付印の印面を廃棄すること。

※　納付印の税務署名、記号及び番号の指定　(税務署名)　　(記号)　　(番号)

※　上記のとおり、印紙税納付計器の設置の承認を与えたことを証明します。
　　　　　　　(証明)第　　　号
　　　令和　　年　　月　　日
　　　　　　　　　　　　　　　　　　税務署長　　　　　　　㊞

※税務署整理欄	整理番号		番号確認		確認書類 個人番号カード／ 通知カード・運転免許証 その他（　　　　）
	入力整理		身元確認	□済 □未済	

注意　1　この申請書は、3通提出してください。ただし、証明書の交付の必要がない場合は、2通提出してください。
　　　2　※印欄は、記載しないでください。

(注) 交付を受ける課税文書に納付印を押すことの承認を併せて申請する場合（新たに納付計器を設置する場合）は、「印紙税納付計器設置承認・被交付文書納付印押なつ承認申請書」により承認を受けることとなる。

◎印紙税納付計器使用請求書

[様式：印紙税納付計器使用請求書（GL2015）記入例省略]

代理人が請求等の手続きをする場合は、「申告・申請等事務代理人届出書」を請求等の手続きをさせようとする時までに提出する。

◎申告・申請等事務代理人届出書

CC2-3004

<u>　印　紙　</u>税申告・申請等事務代理人届出書

収受印 令和〇年〇月〇日 品川　税務署長殿	届出者	(住　所)(〒〇〇〇－〇〇〇〇) 東京都中央区〇〇　〇―〇―〇 　　　　　　　　　　(電話番号　〇〇 －〇〇〇〇－〇〇〇〇) (氏名又は名称及び代表者氏名)(フリガナ) 　〇〇デンキカブシキガイシャ　　　〇〇　〇〇 　〇〇〇〇電機株式会社　代表取締役　〇〇　〇〇　㊞ (個人番号又は法人番号) 　　↓個人番号の記載に当たっては、左端を空欄とし、ここから記載してください。 × × × × × × × × × × × ×

設置場所の 所在地及び名称	(〒〇〇〇－〇〇〇〇) 東京都品川区港南〇―〇―〇　〇〇〇〇電機株式会社　品川支店 　　　　　　　　　　(電話番号　〇〇 －〇〇〇〇－〇〇〇〇)

上記の納税地における<u>　印　紙　</u>税に関する下記の手続については、これを下記の者に代理させることとしたので、届出します。

代理人	(住所又は居所)　(〒〇〇〇－〇〇〇〇) 東京都大田区〇〇　〇―〇―〇 　　　　　　　　　　(電話番号　〇〇 －〇〇〇〇－〇〇〇〇) (氏　名)　(フリガナ)　〇〇〇〇　　　　(使用する印鑑) 　　　　　　　　　　　〇〇〇〇　　　　　　　　　　　㊞ (届出者との関係)　　　支店長
代理させる事項	印紙税納付計器の使用請求に関する一切の事項
参考事項	

※税務署整理欄	整理番号		番号確認		確認書類 個人番号カード／ 通知カード・運転免許証 その他(　　　　　　)
	入力整理	原簿整理	身元確認	□ 済 □ 未済	

注意　1　「　　　　　　の所在地及び名称」の箇所には、税目に応じ、「製造場」、「充てん場」、
　　　　　「採取場」、「設置場所」等と相応する文字を記載してください。
　　　2　「代理させる事項」欄には、代理させる事務の範囲を具体的に記載してください。
　　　3　申請・届出書の控えを保管する場合においては、その控えには個人番号を記載しないなど、個人番号の
　　　　　取扱いには十分ご注意ください。

> 参考

◆納付方法の併用禁止（基通69）

第69条　法第10条《印紙税納付計器の使用による納付の特例》の規定による納付の特例は、課税文書に相当印紙をはり付けることに代えて、相当金額を表示して納付印を押すのであるから、税印を押した課税文書等他の納付方法により納付したものについては、相当金額を表示して納付印を押すことができない（他の納付方法により納付した印紙税について過誤納の処理をしたものはこの限りではない。）ことに留意する。ただし、一の課税文書に納付印を2以上押すこと、及び納付印を押すことと印紙のはり付けとを併用することは差し支えないものとして取り扱う。

◆印紙税納付計器その他同項の措置を受けるため必要な物件（基通76）

第76条　令第8条《印紙税納付計器の設置の承認の申請等》第4項に規定する「印紙税納付計器その他同項の措置を受けるための必要な物件」は、始動票札を使用しない印紙税納付計器にあっては当該印紙税納付計器、始動票札を使用する印紙税納付計器にあっては当該印紙税納付計器及び始動票札とする。ただし、始動票札を使用する印紙税納付計器について同項の規定による請求書を提出することが2回目以降である場合は、当該始動票札のみとする。

税印押なつによる納付

当社は株式会社です。株券等を発行する場合には印紙税が課されますが、株券等に収入印紙を貼らずに納付する方法があると聞きました。どのような方法ですか。

解答

印紙税は、課税文書に収入印紙を貼付し、消印をすることにより納付するのが原則であるが、収入印紙を貼り付けることに代えて、税印を押すことにより納付する方法もある。

この場合、あらかじめ印紙税相当額を現金で納付し、課税文書に税印を押すことを税務署に請求する手続きを要することとなる。

> ＊この方法は税印押なつ機を設置している税務署（全国で118署）において手続きを行うことができ、設置していない署においては手続きができないので、注意が必要である。

具体的な手続きは以下のとおりである。
(1) 印紙税相当額を金融機関あるいは税印押なつ請求書を提出する税務署において納付する。
(2) 税印押なつ機を設置している最寄りの税務署において、下記の書類を提出する。
　① 印紙税税印押なつ請求書（会社の印鑑が必要）
　② 税印押なつを受けようとする課税文書
　③ 印紙税相当額を納付した領収証書
(3) 税務署において課税文書に税印の押なつを行う。

＊税印はインクによる表示ではなく、凹凸表示で透明であり、利用した印紙税額の表示もない。

 直径40ミリメートル

【注意点】
次のいずれかに該当する場合には、請求が棄却される（基通67）。
① 請求に係る課税文書に課される印紙税額が課税文書の記載金額によって異なり、かつ、記載金額が明らかでない場合
② 請求に係る課税文書が、請求の時点において課税物件表のいずれの号の文書に該当するものであるかが明らかでない場合
③ 請求に係る課税文書が、税印を明確に押すことのできない紙質、形式等である場合
④ その他印紙税の保全上不適当であると認められる場合

[まとめ]
税印による納付については、課税文書の作成に先立って行われ、税印には納付した税額が表示されない。したがって、作成される段階になってみなければ印紙税額が確定しないような文書については、請求が棄却されることから、利用される課税文書も限られる。実務的には、主に株券等について利用されている。

参考

◆税印を押すことの請求をすることができる税務署等（規則2①、別表第二）
第2条　印紙税法（昭和四十二年法律第二十三号。以下「法」という。）第九条第一項に規定する財務省令で定める税務署は、別表第二のとおりとする。

別表第二

所轄国税局又は沖縄国税事務所	税務署名
東京	麹町、日本橋、京橋、芝、四谷、麻布、浅草、品川、世田谷、渋谷、新宿、豊島、王子、本所、立川、横浜中、川崎南、小田原、千葉東、甲府
関東信越	浦和、川越、熊谷、水戸、宇都宮、足利、前橋、長野、諏訪、松本、新潟、長岡
大阪	東、西、南、北、阿倍野、東淀川、茨木、堺、門真、上京、下京、福知山、神戸、尼崎、姫路、奈良、和歌山、大津
札幌	札幌中、函館、小樽、旭川中、室蘭、北見、釧路、帯広
仙台	仙台北、盛岡、福島、いわき、秋田南、青森、山形、酒田、米沢
名古屋	名古屋中、名古屋中村、昭和、熱田、一宮、岡崎、豊橋、静岡、沼津、浜松西、津、四日市、岐阜北
金沢	金沢、小松、福井、富山、高岡
広島	広島東、海田、尾道、福山、山口、徳山、下関、宇部、岡山東、鳥取、米子、松江
高松	高松、松山、今治、徳島、高知
福岡	福岡、博多、飯塚、久留米、小倉、佐賀、長崎、佐世保
熊本	熊本西、大分、鹿児島、川内、宮崎、延岡
沖縄	那覇、沖縄

印紙税税印押なつ請求書の書き方

　株券等に対する印紙税の納付について、収入印紙によることなく税印による納付を行いたいと思います。請求手続き及び請求書の記入方法を教えてください。

解答

　印紙税税印押なつ請求は、収入印紙により納付することに代えて印紙税額を現金で納付し、課税文書に税印を押すことが請求できる規定である。

　「印紙税税印押なつ請求書」を作成のうえ、文書とともに税印押なつ機を備えている税務署（全国118署）へ持参し確認を受けたのち、税務署等にて印紙税額を納付後、税印押なつを受けることとなる。

　なお、納税地は税印を押すことを請求した税務署長の所属する税務署の管轄区域内の場所を納税地として納付する。

[記載例]
◎印紙税税印押なつ請求書

CC2-3703

印紙税税印押なつ請求書

整理番号	

収受印

令和○年○月○日

請求者
- （住　所）（〒○○○－○○○○）
  東京都中央区○○　○－○－○（電話番号○○－○○○○－○○○○）
- （氏名又は名称及び代表者氏名）
  ○○○○電機株式会社　代表取締役　○○　○○　㊞
- （個人番号又は法人番号）
  ↓個人番号の記載に当たっては、左端を空欄とし、ここから記載してください。
  ×｜×｜×｜×｜×｜×｜×｜×｜×｜×｜×｜×｜×

京橋　税務署長　殿

下記のとおり印紙税法施行令第6条第1項の規定により請求します。

課税文書	号別		4				（計）
	種別	物件名	株券				
		名称	株券				
数　量			60 枚	枚	枚	枚	60 枚
印紙税相当額			200 円	円	円	円	200 円
充当税額							
差引納付税額							12,000

納付年月日	令和　○　年　○　月　○　日
納付場所	京橋（税務署）　郵便局　銀行　金庫・組合　農協・漁協　本店・支店　本所・支所

参考事項	

1　この請求書は、税印を押すことを請求しようとする課税文書と共に提出してください。
2　課税文書の作成予定時期及び交付先を「参考事項」欄に記入してください。
3　充当しようとする金額がある場合には、印紙税過誤納充当請求書（CC2-3721）により充当の請求をしてください。
4　税務署整理欄には記載しないでください。

税務署整理欄

納付確認		税印押なつ年月日	令和　年　月　日	押なつ者	
受払		押なつ済高			
		払高			
	保管	押なつ済			
		押なつ未済			
押なつ室の開閉	開（扉）	時間	立会者	担当者	押なつ機等の使用	解除	時間	立会者	担当者
	閉（扉）					施錠又は封印			
請求年月日	令和　年　月　日	順序		入力整理	
番号確認	身元確認　□済　□未済	確認書類　個人番号カード／通知カード・運転免許証／その他（　　）			

> 参考

◆税印による納付の特例（法9）

第9条　課税文書の作成者は、政令で定める手続により、財務省令で定める税務署の税務署長に対し、当該課税文書に相当印紙をはり付けることに代えて、税印（財務省令で定める印影の形式を有する印をいう。次項において同じ。）を押すことを請求することができる。

2　前項の請求をした者は、次項の規定によりその請求が棄却された場合を除き、当該請求に係る課税文書に課されるべき印紙税額に相当する印紙税を、税印が押される時までに、国に納付しなければならない。

3　税務署長は、第1項の請求があった場合において、当該請求に係る課税文書の記載金額が明らかでないことその他印紙税の保全上不適当であると認めるときは、当該請求を棄却することができる。

◆税印を押すことの請求等（令6）

第6条　法第9条第1項の請求をしようとする者は、次に掲げる事項を記載した請求書を当該税務署長に提出しなければならない。

　一　請求者の住所、氏名又は名称及び個人番号又は法人番号（個人番号又は法人番号を有しない者にあっては、住所及び氏名又は名称）
　二　当該請求に係る課税文書の号別及び種類並びに当該種類ごとの数量
　三　当該請求に係る課税文書に課されるべき印紙税額
　四　その他参考となるべき事項

2　税務署長は、法第9条第3項の規定により同条第1項の請求を棄却する場合には、その旨及びその理由を記載した書類を当該請求をした者に交付するものとする。

◆納付方法の併用禁止（基通66）

第66条　法第9条《税印による納付の特例》の規定による納付の特例は、課税文書に相当印紙をはり付けることに代えて税印を押すのであるから、印紙をはり付けた課税文書又は印紙税納付計器により当該課税文書に課されるべき印紙税額に相当する金額を表示して納付印を押した課税文書等他の納付方法により納付したものについては、税印を押すことができない（他の納付方法

により納付した印紙税について過誤納の処理をしたものはこの限りでない。）ことに留意する。

◆印紙税の納付（基通68）

第68条　法第９条《税印による納付の特例》第２項に規定する印紙税は、税印を押すことを請求した税務署長の所属する税務署の管轄区域内の場所を納税地として納付するのであるから留意する。

印紙税一括納付承認申請手続きの改正
（平成30年度税制改正）

平成30年度税制改正により、平成30年4月に印紙税法の一部が改正され、印紙税一括納付承認申請手続について改正があったとのことですが、どのような内容ですか。

解答

[改正の概要]

預貯金通帳等については、その預貯金通帳等を作成しようとする場所の所轄税務署長の承認を受けることによって、預貯金通帳等に係る印紙税を、印紙を貼り付けることに代えて、金銭にて一括して納付することができることとされている。

この一括にて納付する場合の特例は、その年の4月1日から翌年3月31日までの期間内に作成する預貯金通帳等については、毎年、2月16日から3月15日までの間に承認申請書を税務署に提出し、承認を受ける必要があったが、今回の改正により、承認を受けようとする課税期間（4月1日から翌年3月31日までの期間）の開始前に承認を受けていれば、その承認の日以後の各課税期間内に作成する預貯金通帳等について、一括納付の特例が適用されることとなった。

ただし、承認内容に変更があった場合は、改めて承認を受ける必要がある。

（注1）「預貯金通帳等」・・・普通預貯金通帳、通知預金通帳、定期預金通帳、当座預金通帳、貯蓄預金通帳、勤務先預金通帳、複合預金通帳及び複合寄託通帳をいう。

(注2) 承認内容の変更により改めて承認を受ける必要がある場合の例
　　　・預貯金通帳等の作成場所が変更となった場合
　　　・通帳の種類を普通預金通帳のみの承認を受けていたが、新たに定期預金通帳の承認を受けようとする場合　等
(注3) 一括納付の適用を受ける必要がなくなった時には、「印紙税一括納付承認不適用届出書」の提出を行う必要がある（新設の様式）。

[適用時期]

平成30年4月1日以後に作成する預貯金通帳等に係る承認について適用される。

	書　類	改　正　前	改　正　後
×0年2月16日〜3月15日	印紙税一括納付承認申請書	要提出	要提出（※）
×0年4月末	印紙税申告書（一括納付）	要提出	要提出
×1年2月16日〜3月15日	印紙税一括納付承認申請書	要提出	承認内容に変更がなければ申請不要
×1年4月末	印紙税申告書（一括納付）	要提出	要提出

(注)　承認を受けようとする最初の課税期間の開始の日の属する年の3月15日までに提出する。

参考

◆預貯金通帳等に係る申告及び納付等の特例（法12）

第12条　別表第1第18号及び第19号の課税文書のうち政令で定める通帳（以下この条において「預貯金通帳等」という。）の作成者は、政令で定めるところにより、当該預貯金通帳等を作成しようとする場所の所在地の所轄税務署長の承認を受け、相当印紙の貼付けに代えて、金銭をもって、当該承認の日以後の各課税期間（4月1日から翌年3月31日までの期間をいう。以下この条において同じ。）内に作成する当該預貯金通帳等に係る印紙税を納付することができる。

2　前項の承認の申請者が第15条の規定により命ぜられた担保の提供をしない場合その他印紙税の保全上不適当と認められる場合には、税務署長はその承認を与えないことができる。

3　第1項の承認を受けた者は、当該承認に係る預貯金通帳等に、課税期間において最初の付込みをする時までに、財務省令で定める書式による表示をしなければならない。ただし、既に当該表示をしている預貯金通帳等については、この限りではない。

4　第1項の承認を受けた場合には、当該承認を受けた者が課税期間内に作成する当該預貯金通帳等は、当該課税期間の開始の時に作成するものとみなし、当該課税期間内に作成する当該預貯金通帳等の数量は、当該課税期間の開始の時における当該預貯金通帳等の種類ごとの当該預貯金通帳等に係る口座の数として政令で定めるところにより計算した数に相当する数量とみなす。

5　第1項の承認を受けた者は、政令で定めるところにより、次に掲げる事項を記載した申告書を、課税期間ごとに、当該課税期間の開始の日から起算して1月以内に、その承認をした税務署長に提出しなければならない。

一　当該承認に係る預貯金通帳等の課税文書の号別及び当該預貯金通帳等の種類並びに当該種類ごとの前項に規定する政令で定めるところにより計算した当該預貯金通帳等に係る口座の数に相当する当該預貯金通帳等の数量及び当該数量を当該号別に合計した数量（次号において「課税標準数量」という。）

二　課税標準数量に対する印紙税額及び当該印紙税額の合計額（次項において「納付すべき税額」という。）

三　その他参考となるべき事項

6　前項の規定による申告書を提出した者は、当該申告書の提出期限までに、当該申告書に記載した納付すべき税額に相当する印紙税を国に納付しなければならない。

7　第1項の承認を受けている者は、当該承認に係る預貯金通帳等につき同項の適用を受ける必要がなくなったときは、政令で定めるところにより、その旨を同項の税務署長に届け出るものとする。

印紙税一括納付承認申請書及び納税申告書の書き方

　当社は金融機関です。預貯金通帳等については、その預貯金通帳等を作成しようとする場所の所轄税務署長の承認を受けることにより、預貯金通帳等に係る印紙税について収入印紙を貼り付けることに代えて、金銭で一括して納付することができるとされていますが、その際の承認申請書の記載方法及び納税申告書の記入方法について教えてください。

解答

　預貯金通帳等に係る印紙税の申告及び納付の特例を受ける場合には、あらかじめその預貯金通帳等を作成しようとする場所の所轄税務署長の承認を「印紙税一括納付承認申請書」により、承認を受けようとする最初の課税期間の開始の日の属する年の3月15日までに提出しなければならない。

　申告については、毎年4月1日現在における預貯金通帳等に係る口座の数を基礎として計算した課税標準数量及び、納付すべき税額などを記載した納税申告書を、4月末日までに提出し、その申告書の提出期限までに印紙税を納付しなければならない。

[記載例]

◎印紙税一括納付承認申請書

CC2-3711

印紙税一括納付承認申請書

2通提出

令和○年○月○日

○○税務署長殿

申請者：
- （課税文書の作成場所）（〒○○○-○○○○）東京都○○区○○3-4-5（電話番号 ○○-○○○○-○○○○）
- （住所）（〒○○○-○○○○）東京都中央区○○3-4-5（電話番号 ○○-○○○○-○○○○）
- （氏名又は名称及び代表者氏名）（フリガナ）カブシキガイシャ○○ギンコウ　株式会社○○銀行　代表取締役頭取　○○　○○　㊞
- （個人番号又は法人番号）× × × × × × × × × × × × ×

※ 個人番号又は法人番号は、税務署提出用2通の内1通のみに記載してください。

下記のとおり印紙税法施行令第12条第1項の規定により申請します。

承認を受けようとする預貯金通帳等

号別	符号	預貯金通帳等の区分	名称
第18号	①	普通預金通帳	普通預金通帳
	②	通知預金通帳	通知預金通帳
	③	定期預金通帳	定期預金通帳
	④	当座預金通帳	当座預金通帳
	⑤	貯蓄預金通帳	貯蓄預金通帳
	6	勤務先預金通帳	
	⑦	複合預金通帳	複合預金通帳
第19号	⑧	複合寄託通帳	複合寄託通帳

参考事項

※ 上記について下記の条件を付し、印紙税法第12条第1項の規定により承認します。

第_____号

令和____年____月____日

_____税務署長_____　㊞

条件
1. 承認を受けた預貯金通帳等の受払い等に関係ある帳簿等の提示を求められたときは、速やかにこれに応ずること。
2. 印紙税法第15条の規定により担保の提供を命ぜられたときは、速やかにこれに応ずること。

※税務署整理欄：整理番号／通信日付印／年月日／確認印／入力／番号確認／身元確認（済・未済）／確認書類（個人番号カード／通知カード・運転免許証／その他（　　））

注意
1. この申請書は、2通提出してください。
2. 預貯金通帳等の種類が多くて「名称」欄に記載しきれないときは、「参考事項」欄に記載してください。
3. 承認を受けようとする預貯金通帳等の符号を○で囲んでください。
4. ※印欄は、記載しないでください。

◎印紙税納税申告書（一括納付用）

CC2-3715

令和 ○ 年度分印紙税納税申告書（一括納付用）

整理番号	

収受印：令和○年○月○日

○○税務署長殿

申告者：
- （課税文書の作成場所）（〒○○○－○○○○）東京都○○区○○3－4－5　（電話番号 ○○－○○○○－○○○○）
- （住　所）（〒○○○－○○○○）東京都中央区○○3－4－5　（電話番号 ○○－○○○○－○○○○）
- （氏名又は名称及び代表者氏名）（フリガナ）株式会社○○銀行　代表取締役頭取　○○　○○　㊞
- （個人番号又は法人番号）↓個人番号の記載に当たっては、左端を空欄とし、ここから記載してください。
  ×｜×｜×｜×｜×｜×｜×｜×｜×｜×｜×｜×｜×

下記のとおり印紙税の納税申告書（期限後申告書・修正申告書）を提出します。

課税文書

号別	預貯金通帳等の区分	4月1日現在の口座数	税率	税額
第18号	普通預金通帳	123,000 口座	200 円	24,600,000 円
	通知預金通帳	5,835	200	1,167,000
	定期預金通帳	3,256	200	651,200
	当座預金通帳	32,000	200	6,400,000
	貯蓄預金通帳	2,800	200	560,000
	勤務先預金通帳			
	複合預金通帳	1,116	200	223,200
	小　計	168,007		① 33,601,400
第19号	複合信託通帳	31,650	400	② 12,660,000

期限後申告をする理由・修正申告事情

	納付すべき税額	③（①+②） 46,261,400
	この申告書が修正申告である場合	修正申告前の確定額 ④
		差引納付すべき税額 ⑤（③-④）

参考事項

	申告書作成者氏名	○○　○○

修正申告の場合の当初の申告書提出年月日	※ 平成・令和　年　月　日	確認 ※	身元確認	□済 □未済	※確認書類 個人番号カード／通知カード・運転免許証 その他（　　）
通信日付印	※ 令和　年　月　日	確認 ※	台帳等整理	※	徴収カード等整理 ※
申告年月日	※ 令和　年　月　日	申告区分 ※	区分 ※	年月日 ※ 令和　年　月　日	入力整理 ※

[補足]

　印紙税の一括納付の適用を受ける必要がなくなった場合には、「印紙税一括納付承認不適用届出書」を提出する。

　なお、申告等については、電子による申告申請及び電子納税による方法も可能である。

参考

◆預貯金通帳等に係る申告及び納付等の特例（法12①）

Q23の「参考」参照

◆預貯金通帳等に係る申告及び納付の承認の申請等（令12①）

第12条　法第12条第１項の承認を受けようとする者は、次に掲げる事項を記載した申請書を、当該承認を受けようとする最初の課税期間（同項に規定する課税期間をいう。次項及び第６項第２号並びに第18条第２項において同じ。）の開始の日の属する年の３月15日までに、当該税務署長に提出しなければならない。

一　申請者の住所、氏名又は名称及び個人番号又は法人番号
　　（個人番号を有しない個人にあっては、住所及び氏名）

二　当該承認を受けようとする預貯金通帳等の前条各号の区分

三　その他参考となるべき事項

◆預貯金通帳等に係る本店一括納付の取扱い（基通91の２）

第91条の２　金融機関等が、各支店分の預貯金通帳等を本店で電子計算組織により集中的に管理し、かつ、当該預貯金通帳等に本店の所在地を記載している場合は、各支店で当該預貯金通帳等を発行する場合であっても、当該本店を「預貯金通帳等を作成しようとする場所」として取り扱い、本店において全支店分をまとめて法第12条《預貯金通帳等に係る申告及び納付等の特例》第１項の規定の適用を受けることとしても差し支えない。

Q25 一の契約書で課税物件表の複数の号に該当した場合

継続してエレベーターの保守契約を結ぶ際には、記載内容によって第2号文書(請負に関する契約書)と第7号文書(継続的取引の基本となる契約書)に該当する場合があると聞きましたが、違いを教えてください。

解答

1つの契約書で課税物件表の複数の種類(ここでは第2号文書と第7号文書に該当したと仮定)に該当する場合がある。この場合、印紙税法別表第一課税物件表の適用に関する通則3の規定により、いずれかの一の課税文書として取り扱うこととされる。

第2号文書と第7号文書に該当した場合の通則3の規定を図示すると下記のとおりであり、原則は第2号文書に該当するが、契約金額の記載のない場合は第7号文書に該当する。

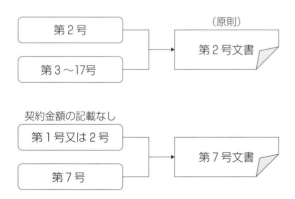

具体的事例で考えてみると、下記の**事例1**と**事例2**は同一内容の契約で

あるが、契約書の記載の方法により、所属が異なる。

事例1及び**事例2**はともに第2号文書と第7号文書に該当するが、**事例1**は契約金額の記載があることにより第2号文書に該当し、**事例2**は契約金額の記載がないことにより第7号文書に該当することとなる。

【事例1】

エレベーター保守契約書

　A社とB社は、エレベーターの保守に関して基本事項を定める。

　第1条　内　容：A社本社ビル内のエレベーター保守契約
《中　略》
　第7条　料　金：エレベーターの保守料金は、1か月3万円とする。
　第8条　期　間：本契約は令和〇年〇月〇日より1年間とする。
　ただし、契約期間満了の際甲乙双方より別段の申出のない場合には、更に1年間延長するものとし、以後の満期の際にも同様とする。
《以下略》

・所属の判定：第2号文書（契約金額36万円）、第7号文書に該当
・所属の決定：第2号文書、印紙税額200円

【事例2】

エレベーター保守契約書

　A社とB社は、エレベーターの保守に関して基本事項を定める。

　第1条　内　容：A社本社ビル内のエレベーター保守契約
《中　略》
　第7条　料　金：エレベーターの保守料金は、1か月3万円とする。
　第8条　期　間：本契約は、令和〇年〇月〇日より有効とする。
《以下略》

- 所属の判定：第2号文書（契約金額の記載なし）、第7号文書に該当
- 所属の決定：契約金額の記載がないため、第7号文書に該当し、印紙税額4,000円

[節税のポイント]

　同一内容の契約で第2号文書と第7号文書に該当した場合、契約金額の記載の有無により所属が分かれることとなり、印紙税額も変わってくる。当事者において合意し、契約上問題がなければ、印紙税額が少なくなる方法で作成することは節税につながり得策となる。

参考

◆エレベーター保守契約書等（基通別表一第2号文書13）

13　ビルディング等のエレベーターを常に安全に運転できるような状態に保ち、これに対して一定の金額を支払うことを約するエレベーター保守契約書又はビルディングの清掃を行い、これに対して一定の金額を支払うことを約する清掃請負契約書等は、その内容により第2号文書（請負に関する契約書）又は第7号文書（継続的取引の基本となる契約書）に該当する。

◆継続的取引の基本となる契約書の範囲（令26一）

Q9の「参考」参照

◆所属の決定（通則3イ）

イ　第1号又は第2号に掲げる文書と第3号から第17号までに掲げる文書とに該当する文書は、第1号又は第2号に掲げる文書とする。ただし、第1号又は第2号に掲げる文書で契約金額の記載のないものと第7号に掲げる文書とに該当する文書は、同号に掲げる文書とし、第1号又は第2号に掲げる文書と第17号に掲げる文書とに該当する文書のうち、当該文書に売上代金（同号の定義の欄1に規定する売上代金をいう。以下本条において同じ。）に係る受取金額（100万円を超えるものに限る。）の記載があるもので、当該受取金額が当該文書に記載された契約金額（当該金額が2以上ある場合には、その合計額）を超えるもの又は契約金額の記載のないものは、同号に掲げる文書とする。

Q26 原契約が課税物件表の複数の号に該当した場合の変更契約書

　当社は清掃会社です。A社との間で清掃に関する基本契約を結んでいますが、今回、月額保守料の改定に伴い覚書を作成することとなりました。原契約の基本契約書は、第2号文書（請負に関する契約書）と第7号文書（継続的取引の基本となる契約書）に該当し、契約金額が計算できないことから、第7号文書として4,000円の収入印紙を貼付していますが、覚書も第7号文書となるのでしょうか。

　　　　　　　　　　　　　　　　　　　　　　　令和X2年9月5日

　　　　　　　　　　　　　覚　　　書

　A株式会社と○○清掃株式会社は、令和X1年8月10日付、清掃業務委託契約書第2条の請負金額を下記のとおり、変更いたします。
　　　　　　　　　　　　　　　記
1　月額清掃料　1,100,000円（税抜き）
2　適用期間　　令和X2年10月から令和X3年3月までの半年間
　　　　　　　　　　　A株式会社　　　代表取締役　○○○○　㊞
　　　　　　　　　　　○○清掃株式会社　代表取締役　○○○○　㊞

(参考：原契約)

```
┌─────────────┐
│ 収入印紙     │
│ 4,000円     │
└─────────────┘
```

　　　　　　　　　　　　　　　　　　　　　　　　　令和X1年8月10日

　　　　　　　　　　　　　清掃業務委託契約書

　A株式会社と○○清掃株式会社は、業務請負に関して基本事項を定めるため、下記のとおり基本契約を締結する。

第1条（本契約の目的）
　A株式会社本社ビルの日常清掃及び定期清掃業務
第2条（請負金額）
　日常清掃に係る月額清掃料は1,000,000円（税抜き）
　　　　　　　　　　　《中　略》
第10条（契約始期）
　日常清掃業務は令和X1年10月1日からとする。
　　　　　　　　　　　《以下略》

解答

　覚書は原契約で定めた月額清掃料の変更であり、第2号文書と第7号文書の重要な事項を変更する文書に該当する。この場合、月額清掃料のほかに契約期間の記載があることにより、記載金額の計算ができるため、第2号文書に該当する。

　記載金額1,100,000円×6か月＝6,600,000円、印紙税額10,000円

[検討] 第2号文書と第7号文書に該当し、その重要な事項を変更する契約書

原契約が複数の号に該当していた場合、重要な事項を変更する契約書の所属の決定については以下のとおりである（基通17）。

① どちらか一方の号のみの重要な事項を変更するものは、一方の号に所属を決定する。

② 2以上の号のうちの2以上の号の重要な事項を変更するものは、それぞれの号に該当し、通則3の規定によりその所属を決定する。

第2号文書と第7号文書に該当した場合、通則3イの規定を図示すると下記のとおりであり、原則は第2号文書に該当するが、契約金額の記載のない場合は第7号文書に該当する。事例の場合は、契約金額の記載があるため、第2号文書に該当する。

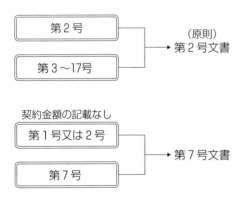

【例】

① 報酬月額及び契約期間の記載がある清掃請負契約書（第2号文書と第7号文書に該当し、所属は第2号文書）の報酬月額を変更するもので、契約期間又は報酬総額の記載のない契約書→第7号文書

② 報酬月額及び契約期間の記載がある清掃請負契約書（第2号文書と第7号文書に該当し、所属は第2号文書）の報酬月額を変更するもので、契約期間又は報酬総額の記載がある契約書→第2号文書

[まとめ]

　原契約の変更の場合、必ずしも変更契約が原契約と同じ所属に該当するとは限らない。事例のように原契約が複数の号に該当していた場合の変更においては、通則3の規定により所属が判定される。

　なお、重要な事項以外の事項を変更する場合は、課税文書に当たらない。

参考

◆重要な事項の一覧表（第2号文書・第7号文書）

巻末資料参照

一括値引きした場合の契約書等の記載金額

当社は建設業者です。

当初取り決めていた契約金額を一括値引きした契約書を作成しました。

下記の事例の場合、記載金額の取扱いはどうなりますか。

【事例１】消費税及び地方消費税を区分記載した後に一括値引きした場合（値引き後の請負金額に係る消費税額の記載なし）

令和〇年〇月〇日

請 負 契 約 書

建設請負工事に係る契約金額は以下のとおりとする。

① 請負金額	50,000,000円
② 消費税額等	5,000,000円
③ 合　　計（①＋②）	55,000,000円
④ 値引き	3,800,000円
請負金額（③－④）	51,200,000円

発注者　　〇〇商店　　　　印
受注者　　〇〇建設株式会社　印

【事例2】消費税及び地方消費税を区分記載した後に一括値引きした場合(値引き後の請負金額に係る消費税額も記載)

```
                                     令和○年○月○日

              請 負 契 約 書

   建設請負工事に係る契約金額は以下のとおりとする。

   ┌─────────────────────┬──────────────┐
   │ ① 請負金額               │ 50,000,000円 │
   ├─────────────────────┼──────────────┤
   │ ② 消費税額等             │  5,000,000円 │
   ├─────────────────────┼──────────────┤
   │ ③ 合  計 (①+②)       │ 55,000,000円 │
   ├─────────────────────┼──────────────┤
   │ ④ 値引き                 │  3,800,000円 │
   ├─────────────────────┼──────────────┤
   │   請負金額 (③-④)       │ 51,200,000円 │
   │   (消費税額等4,654,545円を含む)          │
   └─────────────────────┴──────────────┘

                  発注者  ○○商店          印
                  受注者  ○○建設株式会社  印
```

解答

【事例1】は、値引き後の請負金額について、消費税及び地方消費税が区分記載されていないため記載金額は5,120万円となり、軽減税率適用の印紙税額30,000円となる。

また、【事例2】については値引き後の請負金額について、消費税及び地方消費税額が区分記載されているため、記載金額については5,120万円から消費税額等を控除した46,545,455円となり、軽減税率適用の印紙税額10,000円となる。

[検討]

税込金額と税抜金額をそれぞれ記載した後に一括値引きした場合はどうか

例1

　請負金額　　55,000,000円
　（税抜金額　50,000,000円）
　値　　引　　 3,800,000円
　請負金額　　51,200,000円

　この場合、値引き後の金額について、税抜金額が記載されていないため、一括値引き後の51,200,000円が記載金額となる。

例2

　請負金額　　55,000,000円
　（税抜金額　50,000,000円）
　値　　引　　 3,800,000円
　請負金額　　51,200,000円
　（税抜金額　46,545,455円）

　この場合、値引き後の税込金額と税抜金額が具体的に記載されているため、消費税額が計算できることから、記載金額は、46,545,455円となる。

［まとめ］

　印紙税は文書課税であり、文書に記載されている文言等により記載金額を判断することとなる。
　事例の場合は、一括値引き後の請負金額について消費税額等を区分していなければ、消費税額等が含まれた全体の金額が記載金額となり、消費税額等を区分記載していれば、消費税額等を控除した金額が記載金額となる。
　そのため、このように一括値引きの契約書等を作成する場合には消費税額を区分記載することが得策と考える。

> 参考

◆消費税の改正等に伴う印紙税の取扱いについて（平成元年3月10日付間消3—2・最終改正令和元年7月1日付課消4—55他）抜粋

1　契約書等の記載金額

　印紙税法別表第1の課税物件表の課税物件欄に掲げる文書のうち、次の文書に消費税及び地方消費税の金額が区分記載されている場合又は税込価格及び税抜価格が記載されていることにより、その取引に当たって課されるべき消費税額等が明らかである場合には、消費税額等は記載金額に含めないものとする。

(1)　第1号文書（不動産の譲渡に関する契約書）

(2)　第2号文書（請負に関する契約書）

(3)　第17号文書（金銭又は有価証券の受取書）

（注）

　1　「消費税額等が区分記載されている」とは、その取引に当たって課されるべき消費税額等が具体的に記載されていることをいい、次のいずれもこれに該当することに留意する。

　　イ　請負金額1,100万円　税抜価額1,000万円　消費税額等100万円

　　ロ　請負金額1,100万円　うち消費税額等100万円

　　ハ　請負金額1,000万円　消費税額等100万円　計1,100万円

　2　「税込価格及び税抜価格が記載されていることにより、その取引に当たって課されるべき消費税額等が明らかである」とは、その取引に係る消費税額等を含む金額と消費税額等を含まない金額の両方を具体的に記載していることにより、その取引に当たって課されるべき消費税額等が容易に計算できることをいい、次の場合がこれに該当することに留意する。

　　請負金額1,100万円　　税抜価額1,000万円

土地交換契約書

土地を交換するに当たり、土地交換契約書を作成しようと思います。

等価交換で交換差金は発生しない場合と、等価交換でなく交換差金が発生する場合の印紙税の取扱いはどうなりますか。

【事例1】

令和○年12月10日

土地交換契約書

○○○○（以下「甲」という。）と○○○○（以下「乙」という。）との間で、土地の交換について次のとおり契約する。

第1条（交換する土地）

　甲の所有する　○○県○○市○○町○○丁目○○番地（○㎡）

　乙の所有する　△△県△△市△△町△△丁目△△番地（△㎡）

第2条（交換差金）

　交換物件は、等価で交換し、交換差金は生じないものとする。

《中　略》

甲：○○県○○市○○町○-○-○　　○○○○　㊞

乙：△△県△△市△△町△-△-△　　○○○○　㊞

【事例2】

令和〇年12月10日

土地交換契約書

　〇〇〇〇（以下「甲」という。）と〇〇〇〇（以下「乙」という。）との間で、土地の交換について次のとおり契約する。

第1条（交換する土地）
　　甲の所有する　〇〇県〇〇市〇〇町〇〇丁目〇〇番地（〇㎡）
　　乙の所有する　△△県△△市△△町△△丁目△△番地（△㎡）

第2条（土地の価格）
　　甲の所有する土地の価格を3,000万円とし、乙の所有する土地の価格を3,000万円とする。

第3条（交換差金）
　　交換物件は、等価で交換し、交換差金は生じないものとする。

《中　略》

甲：〇〇県〇〇市〇〇町〇-〇-〇　　〇〇〇〇　㊞
乙：△△県△△市△△町△-△-△　　〇〇〇〇　㊞

【事例3】

令和〇年12月10日

土地交換契約書

　〇〇〇〇（以下「甲」という。）と〇〇〇〇（以下「乙」という。）との間で、土地の交換について次のとおり契約する。

第1条（交換する土地）
　　甲の所有する　〇〇県〇〇市〇〇町〇〇丁目〇〇番地（〇㎡）
　　乙の所有する　△△県△△市△△町△△丁目△△番地（△㎡）

第2条（土地の価格）
　　甲の所有する土地の価格を3,000万円とし、乙の所有する土地の価格を5,000万円とする。

第3条（交換差金）
　　甲は乙に対し、交換する土地の差額2,000万円を現金にて支払う。

《中　略》

甲：〇〇県〇〇市〇〇町〇-〇-〇　　〇〇〇〇　㊞
乙：△△県△△市△△町△-△-△　　〇〇〇〇　㊞

解答

　事例1～事例3はすべて第1号の1文書（不動産の譲渡に関する契約書）に該当し、**事例1**は記載金額がなく印紙税額200円、**事例2**は記載金額3,000万円、印紙税額10,000円、**事例3**は記載金額5,000万円、印紙税額10,000円となる。

［検討1］　課税物件表に規定する「譲渡に関する契約書」とは

　譲渡とは、資産、権利その他の財産をその同一性を保持したまま他人に移転させることをいい、譲渡に対して対価を受けるかどうかは問わない。

　したがって、売買契約書、交換契約書、贈与契約書、代物弁済契約書及び法人等に対する現物出資契約書等の所有権等の権利の移転を内容とする契約書はすべて譲渡契約書に含まれる（基通13）。

[検討2] 交換を内容とする契約書の記載金額

不動産と不動産の交換の場合の記載金額は以下のとおりである（基通23）。

不動産と不動産の交換	
記載内容	記載金額
交換対象物の双方の価格が記載されている場合	いずれか高い方の金額
交換対象物の双方の価格が記載されていて、等価交換の場合	一方の金額
交換差金のみが記載されている場合	交換差金
交換対象物の価格が記載されていない場合	記載金額なし

[まとめ]

交換は、売買、贈与、代物弁済等と並ぶ譲渡の形態の1つであるため、土地と土地を交換する契約書は、第1号の1文書に該当する。

なお、契約金額については、**事例2**の等価交換のように金銭の授受が発生していない場合でも、交換対象物の価格が契約書上に記載してあればその価格が記載金額になるなど、記載方法によって印紙税額が異なるため、注意が必要である。

参考

◆**不動産と動産との交換契約書の記載金額**（基通別表一第1号の1文書5）

5 不動産と動産との交換を約する契約書は、第1号の1文書（不動産の譲渡に関する契約書）に所属し、その記載金額の取扱いは次による。

(1) 交換に係る不動産の価額が記載されている場合（動産の価額と交換差金とが記載されている等当該不動産の価額が計算できる場合を含む。）は、当該不動産の価額を記載金額とする。

(2) 交換差金のみが記載されていて、当該交換差金が動産提供者によって支払われる場合は、当該交換差金を記載金額とする。

(3) (1)又は(2)以外の場合は、記載金額がないものとする。

土地の賃貸借変更契約書

既に成立している土地の賃貸借契約において、賃料を変更する契約を下記のとおり結ぶこととしましたが、課税文書に該当しますか。

土地賃貸借変更契約書

　令和○年○月○日に契約した土地賃貸約契約書の一部を下記のとおり、変更する。

　　　　　　　　　　　　記
第1条　賃貸料を月額○○○○○円から○○○○○円に変更する。
第2条　変更は令和○年○月○日からとする。
　　　　　　　　　　《中　略》

令和○年○月○日

　　　　　　　　　　　　　　　　賃貸人（甲）　○○　○○
　　　　　　　　　　　　　　　　賃借人（乙）　○○　○○

解答

記載金額のない第1号の2文書（土地の賃借権の設定に関する契約書）に該当する。

[検討1]　変更契約書とは

「変更契約書」とは、既に存在している契約（原契約）の同一性を失わせずに内容を変更する契約書で、重要な事項以外の変更契約書は、課税文書に該当しない。

ただし、原契約の内容を変更する場合であっても、その変更によって新

たな契約が成立する場合は、契約の変更ではなく、契約の成立又は更改となる。

[検討2] 重要な事項とは

　課税文書における契約の内容の重要な事項については、基通別表二「重要な事項の一覧表」に例示されており、第1号の2文書における重要な事項は以下のとおりである。

(1) 目的物又は被担保債権の内容
(2) 目的物の引渡方法又は引渡期日
(3) 契約金額又は根抵当権における極度金額
(4) 権利の使用料
(5) 契約金額又は権利の使用料の支払方法又は支払期日
(6) 権利の設定日若しくは設定期間又は根抵当権における確定期日
(7) 契約に付される停止条件又は解除条件
(8) 債務不履行の場合の損害賠償の方法

　土地の賃貸借における賃料はこのうち、「権利の使用料」に該当することとなるため、賃料を変更とすることを内容とする契約書は課税文書に該当する。

[検討3] 土地の賃貸借契約書の記載金額

　第1号の2文書は土地の賃借権の設定に関する契約書であり、その記載金額は賃借権の設定又は譲渡に関して定められる金額であることから、契約に際して相手方当事者に交付し、後日において返還されることが予定されていない、権利金などをいう。

　したがって、後日返還が予定されている保証金や敷金などの他、使用収益上の対価である賃貸料は記載金額には含まれない。

[まとめ]

　事例の土地の賃貸借変更契約書は土地の賃借権の設定に関する契約書に該当する。また、この場合の契約金額は、後日、返還されることが予定されていない金額をいう。

したがって、返還されることが予定されている保証金、敷金などや使用収益上の対価である賃貸料は契約金額には該当しないため、賃料を変更する契約書は記載金額のないものとなる。

参考

◆土地の賃借権の意義（基通別表一第１号の２文書２）

2 「土地の賃借権」とは、民法第601条《賃借権》に規定する賃貸借契約に基づき賃借人が土地（地下又は空間を含む。）を使用収益できる権利をいい、借地借家法（平成３年法律第90号）第２条《定義》に規定する借地権に限らない。

◆契約の内容の変更の意義等（基通17）

第17条　通則５に規定する「契約の内容の変更」とは、既に存在している契約（以下「原契約」という。）の同一性を失わせないで、その内容を変更することをいう。

2　契約の内容の変更を証するための文書（以下「変更契約書」という。）の課税物件表における所属の決定は、次の区分に応じ、それぞれ次に掲げるところによる。

(1) 原契約が課税物件表の一の号のみの課税事項を含む場合において、当該課税事項のうちの重要な事項を変更する契約書については、原契約と同一の号に所属を決定する。

（例）

　消費貸借契約書（第１号文書）の消費貸借金額50万円を100万円に変更する契約書　　第１号文書

(2) 原契約が課税物件表の２以上の号の課税事項を含む場合において、当該課税事項の内容のうち重要な事項を変更する契約書については、当該２以上の号のいずれか一方の号のみの重要な事項を変更するものは、当該一方の号に所属を決定し、当該２以上の号のうちの２以上の号の重要な事項を変更するものは、それぞれの号に該当し、通則３の規定によりその所属を決定する。

（例）
　　1　報酬月額及び契約期間の記載がある清掃請負契約書（第2号文書と第7号文書に該当し、所属は第2号文書）の報酬月額を変更するもので、契約期間又は報酬総額の記載のない契約書　　第7号文書
　　2　報酬月額及び契約期間の記載がある清掃請負契約書（第2号文書と第7号文書に該当し、所属は第2号文書）の報酬月額を変更するもので、契約期間又は報酬総額のある契約書　　第2号文書
(3)　原契約の内容のうちの課税事項に該当しない事項を変更する契約書で、その変更に係る事項が原契約書の該当する課税物件表の号以外の号の重要な事項に該当するものは、当該原契約書の該当する号以外の号に所属を決定する。
　（例）
　　消費貸借に関する契約書（第1号文書）の連帯保証人を変更する契約書　第13号文書
(4)　(1)から(3)までに掲げる契約書で重要な事項以外の事項を変更するものは、課税文書に該当しない。
3　前項の重要な事項は、別表第2に定める。

Q30 贈与契約書

土地を贈与するに当たり、贈与契約書を作成しましたが、課税文書に該当しますか。また、課税文書に該当した場合、印紙税額はいくらになりますか。

贈与契約書

令和○年11月24日

　贈与者　贈与一郎（以下「甲」という。）と受贈者　受贈二郎（以下「乙」という。）との間において下記のとおり贈与契約を締結した。

第1条　甲は乙に対して、下記の土地を贈与することを約し、乙はこれを受諾した。

第2条　神奈川県横浜市栄区○○町○○番地　　○○○㎡

第3条　土地評価額（令和○年1月1日現在）　15,300,000円

《中　略》

贈与者（甲）　神奈川県横浜市栄区○○町○○番地　　贈与一郎　㊞
受贈者（乙）　神奈川県横浜市中区○○町○○番地　　受贈二郎　㊞

解答

記載金額のない第1号の1文書（不動産の譲渡に関する契約書）に該当し、印紙税額は200円となる。

[検討1]　贈与契約とは

贈与契約とは、贈与者が自己の財産を無償で受贈者に与える（譲渡す

る）契約であり、課税文書に該当するかどうかは贈与する目的物によって異なる。

(1) 不動産を贈与する場合

土地の贈与は、土地の所有権を移転することを内容とするため、その贈与契約書は第1号の1文書（不動産の譲渡に関する契約書）に該当する。

(2) 金銭、有価証券又は物品を贈与する場合

金銭、有価証券の譲渡は、印紙税の課税事項に当てはまらない。また、物品の譲渡については、平成元年4月1日から課税廃止となっている。

(3) 売掛債権等の債権を贈与する場合

売掛債権の譲渡に当たるため、その契約書は第15号文書（債権譲渡に関する契約書）に該当する。

(4) 特許権等の無体財産権を譲渡する場合

特許権等の無体財産権であるため、その契約書は第1号の1文書（無体財産権の譲渡に関する契約書）に該当する。

[検討2] 贈与契約書の記載金額は

贈与契約はもともと無償契約であり、贈与契約書に評価額等が記載されていたとしても、この金額は譲渡の対価ではなく、記載金額には当たらない。

つまり、「土地評価額1,530万円」と記載しても、無償で給付するものであるため、参考値にしかすぎず、契約金額として証明するものとは認められない。したがって、記載金額のない契約書に該当する。

ただし、受贈者が贈与者の債務の引受けを条件とする負担付贈与契約で負担の価格が目的物と同等あるいはそれ以上であるなど、実質売買契約あるいは交換契約と認められる場合は、負担の価格が記載金額と取り扱われることとなる。

なお、譲渡契約の内容としては、売買、交換、贈与、代物弁済、法人等に対する現物出資、寄付行為等がある。

[まとめ]

　贈与契約書の場合、贈与する目的物によって課税文書に該当するかどうか判断することとなる。

　また、課税文書に該当した場合の記載金額について、贈与契約は無償であるため、契約書に金額が記載されていたとしても、記載金額には当たらないが、負担付贈与契約等で、実質売買契約あるいは交換契約と認められる場合においては、負担の価格が記載金額と取り扱われる。

参考

◆契約金額の意義（基通23(1)ホ（注））

（注）　贈与契約においては、譲渡の対価たる金額はないから、契約金額はないものとして取り扱う。

Q31 駐車場賃貸借契約書

駐車場として土地を賃貸借するに当たり、駐車場賃貸借契約書を作成しました。印紙税の取扱いはどうなりますか。

令和X1年9月10日

駐車場賃貸借契約書

　○○不動産株式会社（以下「甲」という。）と○○二郎（以下「乙」という。）は、下記のとおり、駐車場の賃貸借契約を締結する。

第1条（土　地）　神奈川県横浜市中区○○×番地のうち○坪（更地）
第2条（賃借人）　○○　二郎
第3条（賃貸料）　月額　20,000円
第4条（契約期間）　令和X1年10月1日から令和X3年9月30日
第5条（保証金）　契約に際して、乙は甲に保証金として金50,000円を支払い、甲はこれを受領した。
　なお、保証金については契約終了時に返還するものとする。

《中　略》

この契約の証しとして、本契約書を2通作成し各1通ずつ所持する。
貸主（甲）　神奈川県横浜市中区○○　　○○不動産株式会社　㊞
借主（乙）　神奈川県横浜市中区○○　　○○　二郎　　　　　㊞

解答

　記載金額のない第1号の2文書（土地の賃借権の設定に関する契約書）に該当し、印紙税額200円となる。

[**検討1**] 駐車場の賃貸借契約書は土地の賃借権の設定に関する契約書に該当するか

駐車場における賃貸借の場合、考えられる事例は以下のとおりである。
① 駐車場として土地を賃貸借する場合……土地の賃借権の設定に関する契約書（第1号の2文書）
② 駐車場など、施設の利用に付随して土地が使用される場合……賃貸借に関する契約書（不課税文書）
③ 車庫を賃貸借する場合……賃貸借に関する契約書（不課税文書）

事例は、土地の賃貸借に係る契約であり、課税文書に該当する。

しかし、駐車している車両の管理を行っている場合や、駐車場としての地面の整備又はフェンス、区画、建物の設置等を行って駐車場として利用させる場合には、施設の賃貸借契約となり不課税文書となる。

[**検討2**] 土地の賃借権の設定に関する契約書の記載金額は

第1号の2文書の記載金額は、設定の対価たる金額とされており、地代や賃借料は含まれない。なお、設定の対価たる金額には、権利金のほか、一般的に礼金や更新料とされており、後日返還が予定されない金額をいう。したがって、後日返還されることが予定されている保証金は契約金額には該当しない。

[**検討3**] 保証金の受領事実の記載があった場合

賃貸人が賃借人から保証金を受領した旨の記述が、契約書上に記載してあることから、賃借人が所持するものについては第17号の2文書（売上代金以外の金銭の受取書）にも該当するが、通則3イの規定により、第1号の2文書に該当する。

[まとめ]
　この契約書は駐車場の使用を行うことを目的に作成されたものであるが、駐車場という施設を貸すものではなく、駐車場として土地を賃貸借するものであるため、第1号の2文書に該当する。
　なお、後日返還予定の保証金の受領事実が記載されていることにより、賃借人が所持するものについては第17号の2文書にも該当することとなるが、通則3イの規定により、第1号の2文書に該当する。

参考

◆所属の決定（通則3イ）
Q25の「参考」参照
◆契約金額の意義（基通23(2)）
(2)　第1号の2文書　　設定又は譲渡の対価たる金額
　なお、「設定又は譲渡の対価たる金額」とは、賃貸料を除き、権利金その他名称のいかんを問わず、契約に際して相手方当事者に交付し、後日返還されることが予定されていない金額をいう。したがって、後日返還されることが予定されている保証金、敷金等は、契約金額には該当しない。

借地権譲渡契約書

借地権を譲渡することについての契約書を作成しましたが、課税文書に該当しますか。

借地権譲渡契約書

令和○年○月○日

○○○○（以下「甲」という。）と土地の所有者○○○○（以下「乙」という。）及び土地の借地権者○○○○（以下「丙」という。）との間で借地権譲渡契約を締結する。

第1条　丙は、下記の対象となる土地に有する借地権を甲に譲渡し、甲はこれを譲り受ける。

　　　土地：○○県○○市○○町○○丁目○番地○号

第2条　甲は、譲り受ける借地権の代金として金6,000,000円を丙に支払う。
　　　代金の支払いは契約締結後手付金として1,500,000円を、残金は土地の引渡しが乙から甲へなされた後にそれぞれ丙の請求により支払うものとする。

第3条　乙は、第2条に定める事項について、これを無条件で承認する。

《中　略》

本契約書を証するため、本証書3通を作成し、署名押印のうえ、各自1通を所持するものとする。

甲：　○○○○　印
乙：　○○○○　印
丙：　○○○○　印

解答

記載金額600万円の第1号の2文書（土地の賃借権の設定に関する契約書）に該当する。

[検討1] 借地権とは

借地権とは、地上権又は土地の賃借権とされており、契約書において、地上権であるか土地の賃借権であるか明らかでない場合においては、土地の賃借権として取り扱われる。

したがって、第1号の2文書に該当する。

[検討2] 債権譲渡に関する契約には該当しないか

一般的に借地権譲渡契約の場合、旧債権者と新債権者が連署する方式がほとんどであるが、債務者がこれを承諾することも併せて証明する三者契約のような場合は、土地の賃借権は債権に該当するので、第15号文書（債権譲渡に関する契約書）にも該当する。

[検討3] 第1号の2文書と第15号文書に該当した場合の所属の決定

第1号の2文書と第15号文書に該当した場合の所属の決定は通則3のイの規定により、第1号の2文書に所属が決定される。

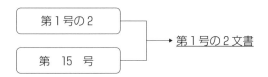

[検討4] 土地賃貸借契約書の記載金額

土地の賃借権の設定における契約書の記載金額は、賃貸料を除き、権利金その他名称のいかんを問わず、契約に際して相手方に交付し、後日返還されることが予定されていない金額をいう。

[まとめ]

借地権の譲渡について、その内容、譲渡代金、譲渡代金の支払方法などを定めるものであり、第1号の2文書に該当し、土地の賃借権は、債権であることから、第15号文書にも該当するが、通則3のイにより、第1号の

2文書に該当する。

また、本事例の契約は甲乙丙の三者契約となっているが、納税義務者（作成者）は、借地権の譲渡の当事者である甲と丙になる。乙が所持する文書も含めて、課税文書に該当し、甲と丙の連帯納税義務となる。

参考

◆**土地の賃借権の意義（基通別表一第1号の2文書2）**
Q29の「参考」参照

◆**地上権、賃借権、使用貸借権の区分（基通別表一第1号の2文書3）**
3　地上権であるか土地の賃借権又は使用貸借権であるかが判明しないものは、土地の賃借権又は使用貸借権として取り扱う。

　なお、土地の賃借権と使用貸借権との区分は、土地を使用収益することについてその対価を支払わないこととしている場合が土地の使用貸借権となり、土地の使用貸借権の設定に関する契約書は、第1号の2文書（土地の賃借権の設定に関する契約書）には該当せず、使用貸借に関する契約書に該当するのであるから課税文書に当たらないことに留意する。

◆**債権譲渡の意義（基通別表一第15号文書1）**
1　「債権譲渡」とは、債権をその同一性を失わせないで旧債権者から新債権者へ移転させることをいう。

主たる債務の契約書に追記した債務の保証に関する契約書

　当社は福利厚生の一環として社内貸付制度を設けており、貸付時に「金銭借用証書」を従業員から提出してもらいます。

　主たる債務の契約書に併記した債務の保証に関する部分については、課税事項には該当しないとのことですが、次のような文書はどうなりますか。

【事例】

金 銭 借 用 証 書

　　　　　　　　　　　　　　　　　　　　　　　　令和〇年7月10日

〇〇株式会社
　代表取締役　〇〇〇〇殿

　　　　　　　　　　　　　　　　　　　借受人：〇〇〇〇　印

　下記金額を借用いたしました。
1．借入金額　　〇〇万円
2．借用年月日　令和〇年〇月〇日
3．返済期日　　令和〇年〇月〇日
　　利息　年〇％
4　返済方法　　別途償還表のとおり
　　　　　　　　　《中　略》

（保証人）
　上記金額を借受人〇〇〇〇が返済期限までに返済できない場合は保証人である〇〇〇〇が全額弁済いたします。
　　　　令和〇年7月28日
　　　　　　　　保証人　〇〇〇〇　印

第3章　印紙税Q&A　177

解答

　主たる債務の契約書に併記した債務の保証に関する部分については課税事項に該当しないが、事例の場合は、消費貸借契約の年月日（令和〇年7月10日）と保証契約の年月日（令和〇年7月28日）が異なるため、契約書を追記したことになり、一の文書には当たらず、第1号の3文書（消費貸借に関する契約書）に該当するとともに、第13号文書（債務の保証に関する契約書）にも該当し、それぞれ所定の収入印紙が必要となる。

[検討1] 主たる債務の契約書に併記した債務の保証に関する部分とは

　主たる債務の契約書に併記した債務の保証に関する契約書とは、金銭借用証書に債務者と保証人が署名押印し、「借受人が返済期限までに返済できない場合は、保証人が全額返済します。」と記載した文書がこれに当たり、主たる債務（消費貸借の元本、利息の返還債務）の契約書に併記された債務の保証契約は課税事項として取り扱わないこととされている。

[検討2] 一の文書とは

　「一の文書」とは、その形態からみて1個の文書と認められるものをいい、文書の記載証明の形式、紙数の単複は問わない。したがって、1枚の用紙に2以上の課税事項が各別に記載証明されているもの又は2枚以上の用紙が契印等により結合されているものは、一の文書となる。

　ただし、一の文書に日時を異にして各別の課税事項を記載証明する場合には、後から記載証明する部分は、新たに課税文書を作成したものとみなされる。

[まとめ]

　したがって、事例の場合は1枚の用紙に金銭消費貸借契約と主たる債務の契約書に併記された債務の保証契約が記載されているものの、日付を異にしており、後から記載証明する保証契約については、新たに課税文書を作成したものとみなされることにより、7月10日の作成時には第1号の3文書の契約金額に見合う収入印紙を、7月28日には第13号文書に係る200円の収入印紙の貼付が必要となる。

なお、第1号の3文書の消費貸借契約については債務者が納税義務者となり、第13号文書である保証契約は保証人が納税義務者となる。

> 参考

◆**課税文書の作成とみなす場合等（法4③）**

3　一の文書（別表第1第3号から第6号まで、第9号及び第18号から第20号までに掲げる文書を除く。）に、同表第1号から第17号までの課税文書（同表第3号から第6号まで及び第9号の課税文書を除く。）により証されるべき事項の追記をした場合又は同表第18号若しくは第19号の課税文書として使用するための付込みをした場合には、当該追記又は付込みをした者が、当該追記又は付込みをした時に、当該追記又は付込みに係る事項を記載した課税文書を新たに作成したものとみなす。

◆**債務の保証の意義（基通別表一第13号文書1）**

1　「債務の保証」とは、主たる債務者がその債務を履行しない場合に保証人がこれを履行することを債権者に対し約することをいい、連帯保証を含む。
　なお、他人の受けた不測の損害を補てんする損害担保契約は、債務の保証に関する契約に該当しない。

◆**主たる債務の契約書に併記した債務の保証に関する契約書（基通別表一第13号文書3）**

3　主たる債務の契約書に併記した債務の保証に関する契約書は、当該主たる債務の契約書が課税文書に該当しない場合であっても課税文書とはならない。
　なお、主たる債務の契約書に併記した保証契約を変更又は補充する契約書及び契約の申込文書に併記した債務の保証契約書は、第13号文書（債務の保証に関する契約書）に該当するのであるから留意する。

◆**一の文書の意義（基通5）**

Q7の「参考」参照

Q34 極度貸付契約書の記載金額

金融機関から手形貸付の方法により、一定の金額の範囲内で反復し金銭を借用する際に下記の極度貸付借用証書を作成しますが、印紙税の取扱いはどうなりますか。

【事例】

極度貸付借用証書

令和〇年〇月〇日

株式会社　〇〇 銀行

債　務　者：〇〇〇〇　印
連帯保証人：〇〇〇〇　印

第1条　債務者は、別に差し入れた銀行約定書の条項を承認し、貴行から手形貸付の方法により、金銭を借り入れることを約定する。
第2条　金　　額　極度額2億円
第3条　使　　途　運転資金
第4条　契約期限　令和〇年〇月〇日（手形期間は3か月以内とする）
第5条　利　　率　年〇％
第6条　利払期日　各手形の振出日
第7条　損　害　金　債務不履行の場合には、債務者は、弁済すべき金額に対し、年〇％の割合に当る損害金を支払う。

《以下略》

解答

記載金額のない第1号の3文書（消費貸借に関する契約書）に該当する。

[検討] 極度又は限度貸付契約書の記載金額

限度(極度)貸付契約には、以下の2通りがある。

① 貸付累計額が一定の限度に達するまで貸付けるもの

➡ 貸付累計額が一定の金額に達するまで貸付けることを約するものである場合は、一定の金額はその契約書による貸付けの予約金額の最高額を定めるものであることから、その一定金額を記載金額とする。

② 一定の金額の範囲内で反復し貸付けるもの

〈例〉 2億円の限度額とした場合に、当初2億円を貸付け、後日1億円の返済があれば更に1億円について貸付けができるもの

➡ 貸付金額が具体的に定まっておらず、単に信用限度を定めるものに過ぎないことから記載金額のない契約書に該当する。

[まとめ]

事例の契約については、金銭の消費貸借に関する契約であり、第1号の3文書に該当することについては明らかであるが、貸付けのための限度額又は極度額が印紙税の記載金額に該当するかどうかについては、貸付累計額が一定の金額に達するまで貸し付けるものであれば貸付累計額(最高額)が記載金額となり、一定の金額の範囲内で貸付けを反復して行うことを約する契約である場合には、貸付金額を予約したものではないため、記載金額には当たらない。

したがって、事例第2条に記載されている金額は、貸付限度額を予約したものではないため、記載金額には該当しない。

なお、連帯保証人については、主たる債務の契約書に併記された保証契約のため、第13号文書(債務の保証に関する契約書)に該当しない。

参考

◆**消費貸借の意義(基通別表一第1号の3文書1)**

1 「消費貸借」とは、民法第587条《消費貸借》又は同法第587条の2《書面でする消費貸借等》に規定する消費貸借をいい、同法第588条《準消費貸借》に

規定する準消費貸借を含む。なお、消費貸借の目的物は、金銭に限らないことに留意する。

◆限度（極度）貸付契約書（基通別表一第1号の3文書2）

2　あらかじめ一定の限度（極度）までの金銭の貸付けをすることを約する限度（極度）貸付契約書は、第1号の3文書（消費貸借に関する契約書）に該当し、記載金額の取扱いは、次による。

(1)　当該契約書が貸付累計額が一定の金額に達するまで貸付けることを約するものである場合は、当該一定の金額は当該契約書による貸付けの予約金額の最高額を定めるものであるから、当該一定の金額を記載金額とする。

(2)　当該契約書が一定の金額の範囲内で貸付けを反復して行うことを約するものである場合は、当該契約書は直接貸付金額を予約したものではないから、当該一定の金額を記載金額としない。

建設協力金、保証金の受入れのある賃貸借契約書

当社は貸ビル業を営んでいます。

賃借人予定者との間で、建物賃貸借予約契約書を交わしましたが、この場合の印紙税の取扱いはどうなりますか。

建物賃貸借予約契約書

Aビル管理株式会社（以下「甲」という。）とB商店株式会社（以下「乙」という。）との間に、甲の建築する東京都品川区〇〇のビルディングの一部を乙が賃借するにつき、建物賃貸借予約契約を締結する。

第1条　乙の賃貸借部分は別紙のとおりとする。

第2条　乙は建設協力金として甲に金3,000万円を差し入れる。

建設協力金は令和X1年10月10日より5年間（無利息）据置き、据置期間経過後は10年間にわたり毎1か年終了日の属する月の末日に均等分割償還するものとする。

据置期間満了日以後は、残存額100円につき日歩5厘の割合をもって利息を付するものとする。

第3条　賃料は月額2,000,000円とする。

第4条　乙は第2条の建設協力金とは別に敷金として賃料の6か月相当分を賃貸借開始の前日までに甲に預け入れる。

第5条　賃貸借の期間は20年とする。賃貸借の始期は令和X2年12月1日とし、同日付をもって賃貸借契約を締結し、甲は乙に同日賃貸借部分の引渡しを行う。

《以下略》

令和X1年10月10日

　　　　甲　Aビル管理株式会社　代表取締役　〇〇〇〇　㊞
　　　　乙　B商店株式会社　　　代表取締役　〇〇〇〇　㊞

解答

　第1号の3文書（消費貸借に関する契約書）に該当し、記載金額30,000,000円、印紙税額20,000円となる。

[検討1]　予約契約書は印紙税法上の契約書に該当するか

　印紙税法上の契約には、その予約を含むこととされている（通則5）。

　また、ここでいう「予約」とは、本契約を将来成立させることを約する契約をいい、本契約と同様に取り扱われる（基通15）。

[検討2]　建物賃貸借契約は課税文書に該当するか

　建物等のように、土地以外のものが賃貸借の目的である契約は一般的に不課税文書に該当するが、課税文書に該当するか否かについては、文書全体を1つとして判断するのみでなく、その文書に記載されている個々の内容についても判断し、単に文書の名称又は呼称及び形式的な記載文言によることなく、その記載文言の実質的な意義に基づいて判断するものとされている（基通3）。

[検討3]　建設協力金、保証金の取扱い

　貸ビル等の賃貸借契約に際して授受される金銭のうち、敷金のように賃貸料債権等を担保する目的のものは消費貸借契約には当たらない。

　保証金に関しても、一般的には、敷金のように賃貸料債権等を担保する目的であるものの、賃貸借期間と関係なく、契約終了前に返還することとされているものや、契約期間満了後においても返還を保留するようなものは、一定の債務を担保するものとは認められない。このような場合は、保証金という名目であっても、消費貸借の目的と判断されることとなる。

　また、建設協力金については、賃貸ビル等の建設に当たり、建設資金の調達の方法として、入居希望者等から資金提供を受けようとするものであり、消費貸借といえる。事例では、建設協力金として一定の金額を受領した後、賃貸借契約期間等に関係なく、賃貸借契約の終了前に賃借人に返還することとされており、消費貸借に関する契約書に該当する。

[まとめ]
① 予約契約書も印紙税法上の契約書となる。
② 課否判定を行ううえでは文書の名称は問わず、記載文言の実質的な意義に基づいて判断する。
③ 賃貸借契約に際して授受される金銭が賃貸料債権等を担保する目的のものであるか又は消費貸借の目的物であるかの判断は、その返還が消費貸借契約の終了に結びついているものであるか否かにより判定することとなる。

参考

◆建設協力金、保証金の取扱い（基通別表一第1号の3文書7）

7 貸ビル業者等がビル等の賃貸借契約又は使用貸借契約（その予約を含む。）をする際等に、当該ビル等の借受人等から建設協力金、保証金等として一定の金銭を受領し、当該ビル等の賃貸借又は使用貸借契約期間に関係なく、一定期間据置き後一括返還又は分割返還することを約する契約書は、第1号の3文書（消費貸借に関する契約書）として取り扱う。

Q36 利率変更契約書

既に締結している金銭消費貸借契約の利率を変更するため、変更契約書を作成しました。この場合の印紙税の取扱いはどうなるのでしょうか。

利率変更契約書

令和X3年4月15日

株式会社○○（以下「甲」という。）と株式会社○○（以下「乙」という。）との間で、令和X1年4月1日に締結した金銭消費貸借契約（以下「原契約」という。）の条項を下記のとおり変更する。

第1条 原契約第3条において定めた利率年○％を、令和X3年5月支払分から、年○％へ引き上げるものとする。
第2条 変更後の利率は令和X3年5月1日から適用する。
第3条 本日現在残元金は○○○○○円である。
第4条 上記以外の条項については、原契約のとおりとする。

《中　略》

（甲：貸主）　東京都品川区○○町　株式会社○○○　代表取締役○○○○　㊞
（乙：借主）　東京都豊島区○○町　株式会社○○○　代表取締役○○○○　㊞
（保証人）　　東京都新宿区○○町　株式会社○○○　代表取締役○○○○　㊞

解答

記載金額のない第1号の3文書（消費貸借に関する契約書）に該当し、印紙税額は200円となる。

[**検討1**] 課税文書に該当するか

印紙税法上の契約書とは、契約証書、協定書等名称を問わず、契約内容の変更の事実を証明する目的で作成するものも含まれる。

ただし、印紙税法上の契約書に該当したとしても、基通別表二で定める重要な事項以外の事項を変更するものは、課税文書に該当しない。

事例の場合は、原契約において確定している利率を変更するものであり、利率は第1号の3文書の重要な事項に該当することから、その変更契約書は、同じく第1号の3文書に該当する。

[**検討2**] 本日現在残元金は、記載金額とはならないか

変更契約時における借入残金の記載がされていたとしても、その金額は原契約の契約金額を変更するものではないため、記載金額とはならない。

[**検討3**] 保証人の記載があれば第13号文書（債務の保証に関する契約書）に該当しないか

第13号文書の債務の保証に関する契約書は、主たる債務の契約書に併記したものは除くこととされている。事例の保証人の事項は主たる債務の契約書に併記したものであるため、第13号文書には該当しない。

[**まとめ**]

既に存在している金銭の消費貸借契約の利率を変更する契約書は、利率の変更が第1号の3文書の重要事項に該当するため、当初契約書と同じく第1号の3文書となる。

なお、この場合、借入残金の記載があったとしても、利率変更時における残金の確認でしかなく、原契約の契約金額を変更するものでないため、記載金額とはならない。

参考

◆契約書とは（通則5）

5　この表の第1号、第2号、第7号及び第12号から第15号までにおいて「契約書」とは、契約証書、協定書、約定書その他名称のいかんを問わず、契約

（その予約を含む。）の成立若しくは更改又は契約の内容の変更若しくは補充の事実を証すべき文書をいい、念書、請書その他契約の当事者の一方のみが作成する文書又は契約の当事者の全部若しくは一部の署名を欠く文書で、当事者間の了解又は商慣習に基づき契約の成立等を証することとされているものを含むものとする。

◆重要な事項の一覧表（第1号の3文書）

巻末資料参照

◆契約の内容の変更の意義等（基通17⑷）

Q29の「参考」参照

◆主たる債務の契約書に併記した債務の保証に関する契約書（基通別表一第13号文書3）

Q33の「参考」参照

会社と従業員との間で作成する金銭借用証書等

　当社は福利厚生の一環として、社内規定を設け従業員へ貸付けを行っています。

　貸付けに際しては、従業員から【事例1】の「借入申込書」を提出してもらい、審査において貸付けが認められた場合には、【事例2】の「金銭借用証書」を従業員から提出してもらいます。そして、貸付金を従業員に渡した際には、その従業員から【事例3】の「受取書」の交付を受けます。

　これら貸付けに際しての【事例1】から【事例3】の文書は、課税文書に該当しますか。

【事例1】　借入申込書

```
                                         令和○年○月×日

                借　入　申　込　書

○○株式会社
　代表取締役　○○　○○殿
                              申込者　　○○営業事業部
                                       ○○　○○　印

下記のとおり、借入したいので、申込みをいたします。
1．申込金額　600,000円
2．用　　途　自家用車購入資金
3．連帯保証人　住　所　神奈川県横浜市西区○○町○○
　　　　　　　氏　名　　　　○○　○○　印
```

【事例2】 金銭借用証書

令和○年○月○日

金 銭 借 用 証 書

○○株式会社
　代表取締役　○○　○○殿

　　　　　　　　　　　　　　　　　　借受人　　○○営業事業部
　　　　　　　　　　　　　　　　　　　　　　　○○　○○　印

下記金額を借用いたしました。
1．借入金額　600,000円
2．用　　途　自家用車購入資金
3．連帯保証人　住　所　神奈川県横浜市西区○○町○○
　　　　　　　氏　名　　　○○　○○　印
　　　　　　　　　《以下略》

【事例3】 受取書

令和○年○月○日

受　取　書

○○株式会社
　代表取締役　○○　○○殿

　　　　　　　　　　　金　600,000円

上記、借入金を受領いたしました。

　　　　　　　　　　　　　　　　　　　　　○○営業事業部
　　　　　　　　　　　　　　　　　　　　　○○　○○　印

解答

【事例1】の「借入申込書」は、単なる申込書であり、金銭消費貸借契

約の成立を証明するものではないため、第1号の3文書（消費貸借に関する契約書）には当たらないが、これに併記した連帯保証人の事項は、保証人となることを承認した者がその事実を証明するものであり、第13号文書（債務の保証に関する契約書）に該当する。

【事例2】の「金銭借用証書」は、借主である従業員が金銭を借り入れる際に、借入金額等を記載して貸主に差し入れる文書であり、第1号の3文書に該当する。

【事例3】の従業員が作成する「受取書」については、従業員は給与所得者であり、印紙税法上の「営業者」とならず、第17号文書（金銭の受取書）に該当せず、非課税文書となる。

[検討1]　同一法人内で作成する文書には当たらないか

「課税文書」とは、課税事項を証明する目的をもって作成される文書をいう。この「証明する目的」とは自己以外の第三者に対して行うものをいうことから、同一法人のように同一人格の部内で事務の整理上作成される文書は、第3号文書（約束手形、為替手形）及び第9号文書（貨物引換証、倉庫証券、船荷証券）を除いて課税文書には当たらない。

しかし、会社と従業員との間で作成される文書は、それぞれ独立した人格を有する者の間であることから、事例の文書は同一法人内で作成する文書には当たらない。

[検討2]　主たる債務の契約書に併記した契約書とは

主たる債務の契約書に併記した債務の保証に関する契約書は、第13号文書から除くとされている。「併記した債務の保証に関する」部分とは、消費貸借契約書に債務者と保証人が署名押印し、「債務者が返済期限までに返済しない場合には、保証人が全額返済します。」というような旨の記載した文書がこれに当たる。

この場合、一の文書に第1号文書と第13号文書の記載がなされているが、例外的に、債務の保証部分は課税事項として取り扱わないこととなっている。

契約の申込書に併記された債務の保証契約については、主たる債務の契約書に併記したものではなく、債務の保証契約のみが記載されており、第13号文書に該当する。
　したがって、【事例1】は第13号文書に該当し、【事例2】は第1号の3文書となる。

[まとめ]
　同一法人等の部内又は本店・支店等の間で、法人の事務の整理上作成する文書は、その作成者の人格が同一であることから課税文書には該当しないが、事例の場合の会社と従業員との関係は消費貸借契約に基づく私法上の関係であることから、同一法人内で作成する文書には当たらない。

参考

◆同一法人内で作成する文書（基通59）
第59条　同一法人等の内部の取扱者間又は本店、支店及び出張所間等で、当該法人等の事務の整理上作成する文書は、課税文書に該当しないものとして取り扱う。ただし、当該文書が第3号文書又は第9号文書に該当する場合は、単なる事務整理上作成する文書とは認められないから、課税文書に該当する。

◆主たる債務の契約書に併記した債務の保証に関する契約書（基通別表一第13号文書3）
Q33の「参考」参照

運送に関する契約書

　当社は運送業者です。下記の文書は、顧客との間で、運転手付きの車両を提供し、従業員の送迎業務を行うことを約する契約書ですが、印紙税の取扱いはどうなりますか。

　　　　　　　　　　　　　　　　　　　　　　　　　令和〇年7月20日

　　　　　　　　　　　　車両賃貸借契約書

　株式会社〇〇（以下「甲」という。）と株式会社〇〇バス（以下「乙」という。）との間で、下記のとおり車両賃貸借に関する契約を締結する。

第1条　乙は甲の従業員の送迎業務につき、乙の所有する車両を運転手付きで提供し、甲の指示のもと運送業務に従事する。
第2条　甲は乙に月額100万円を支払う。
第3条　乙は毎月、月末締めで請求書を甲に提出し、甲は翌月20日までに乙の指定口座に振り込む。
第4条　運転手の給与、車両の維持費等、所有にかかる一切の費用は乙の負担とする。
　　　　　　　　　　　《中　略》
第20条　契約期間は令和〇年8月1日から1年間とする。なお、契約期間満了の3か月前までに、甲、乙いずれからも別段の意思表示がない場合には、自動的に1年間更新する。

　甲　東京都品川区〇〇　　株式会社〇〇　　代表取締役　〇〇〇〇　㊞
　乙　東京都品川区〇〇　　株式会社〇〇バス　代表取締役　〇〇〇〇　㊞

解答

　第1号の4文書（運送に関する契約書）に該当し、記載金額1,200万円、印紙税額20,000円となる。

［検討1］　賃貸借契約は不課税ではないのか

　標題は賃貸借契約書とされているものの、乙の所有する車両を単に借用する内容ではなく、乙が運行業務を行うことを内容とするものであり、第1号の4文書に該当する。

［検討2］　第7号文書（継続的取引の基本となる契約書）には該当しないか

　事例の運送契約書は、3か月を超える期間につき、第7号文書の要件である営業者の間において運送に関する2以上の取引を継続して行うために作成される契約書で、2以上の取引に共通して適用される取引条件のうち、単価（月額100万円）、契約金額の支払方法又は期日（月末締切り、翌月20日払い）を定めるものであり、第7号文書にも該当する。

［検討3］　第1号の4文書と第7号文書に該当した場合の所属の決定

　一の契約書で課税物件表の複数の種類（この場合は第1号の4文書と第7号文書）に該当した場合、課税物件表の適用に関する通則3の規定により、いずれか一の課税文書として取り扱うこととされる。

　第1号文書と第7号文書に該当した場合の通則3の規定を図示すると下記のとおりである。事例の場合、契約金額は月額100万円×12か月＝1,200万円と計算できることから、第1号の4文書に該当する。

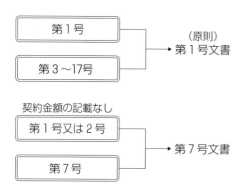

[まとめ]

　印紙税は、単に文書の名称及び形式的な記載文言によることなく、その文書に記載されている個々の内容により課税文書に該当するかどうかを判断することとされている。

　したがって、事例は車両賃貸借契約書という名称ではあるが、車両の運送業務を定めた契約書と認められるため、運送に関する契約書に該当する。

　また、第1号文書と第7号文書に該当した場合、契約金額があるかどうかにより、所属が決定される。

参考

◆継続的取引の基本となる契約書の範囲（令26一）

Q9の「参考」参照

◆所属の決定（通則3イ）

Q25の「参考」参照

Q39 送り状

当社は運送業者です。次の文書は貨物の運送に際して作成する文書ですが、印紙税の取扱いはどうなりますか。

1枚目（荷送人用）
2枚目（運送会社控え）
3枚目（荷受人用）《運送品とともに送付》

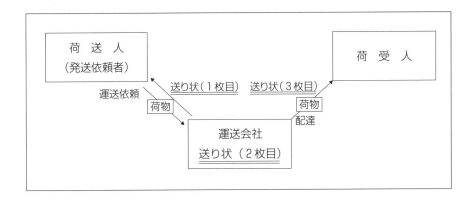

解答

1枚目(荷送人用)については、当社(運送会社)が荷送人に対して交付する文書で、荷受人、荷送人及び運送保険についての記載があり、運送契約の成立の事実を証明する目的で作成されるものであることから、第1号の4文書(運送に関する契約書)に該当する。

2枚目(運送人控え)については、運送人の事務整理等に使用するための控えであり、課税文書に該当しない。

3枚目(荷受人用)については、運送品とともに送付されるものであり、運送状に該当し、課税文書には該当しない。

[**検討1**] 1枚目(荷送人用)が課税文書に該当するかどうかの考え方

▷単なる荷送人の控えとして使用する場合

荷送人の控え又は事務整理のための文書であり、課税文書には該当しないが、これに運送人が運送引受けの証として署名又は記名押印したり、引受印の押印などを行うものは、第1号の4文書に該当する。

▷運送人が荷送人に交付する場合

運送引受けの証として交付するものであり、第1号の4文書に該当する。ただし、運送人の住所、氏名又は名称、運送品の品名、数量等の記載内容で、文書の標題その他からみて、運送品の受領事実を証明することが明らかなものは、運送品の受取書として課税されない。

上記のことから、運送の引受けの証として作成されるものなのか、単なる荷物の受領なのかについては、文書全体を検討したところで判断しなければならない。

[**検討2**] 2枚目（運送会社控え）及び3枚目（荷受人用）についての考え方

3枚複写の送り状の2枚目（運送会社控え）については、運送人の控え又は事務整理に使用するものと認められるため、課税文書には該当しない。

また、荷物とともに荷受人に送付される3枚目（荷受人用）については運送状に該当し、課税文書には該当しない。

[**まとめ**]

法別表第一課税物件表第1号の「定義3」欄に、運送に関する契約書は、乗車券、乗船券、航空券又は運送状を含まないとされている。したがって、事例の送り状については、第1号の4文書に該当しないのではないかと考えるかもしれないが、送り状等の名称であっても、運送業者が署名し、荷受人に交付するものは、運送引受けの証として交付するものであり、第1号の4文書として課税文書に該当する。

実務において、顧客から荷物の発送等を受ける場合に作成する書式は、作成者によって様々である。後日、不納付の指摘を受けないためにも、作成時に書式を税務署に持参し、判断を受けることが得策である。

【節税のポイント】

第1号の4文書は、記載された契約金額（運送料）が1万円未満の場合は非課税となっている。したがって、事例の送り状には運送料を記載していないが、運送料が1万円未満の場合、送り状に運送料を記載することによって非課税文書となる。

> 参考

◆運送に関する契約書（課税物件表第1号文書定義欄3）

第2章参照

◆運送の意義（基通別表一第1号の4文書1）

1 「運送」とは、委託により物品又は人を所定の場所へ運ぶことをいう。

◆送り状の意義（基通別表一第1号の4文書2）

2 「送り状」とは、荷送人が運送人の請求に応じて交付する書面で、運送品とともに到達地に送付され、荷受人が運送品の同一性を検査し、また、着払運賃等その負担する義務の範囲を知るために利用するものをいう。したがって、標題が送り状又は運送状となっている文書であっても、運送業者が貨物の運送を引き受けたことを証明するため荷送人に交付するものは、これに該当せず、第1号の4文書（運送に関する契約書）に該当するのであるから留意する。

◆貨物受取書（基通別表一第1号の4文書3）

3 運送業者が貨物運送の依頼を受けた場合に依頼人に交付する貨物受取書のうち、貨物の品名、数量、運賃、積み地、揚げ地等具体的な運送契約の成立を記載証明したものは、第1号の4文書（運送に関する契約書）とし、単に物品の受領の事実を記載証明しているにすぎないものは、第1号の4文書に該当しないものとして取り扱う。

記載金額1万円未満の第1号又は第2号文書

次のような記載の契約書（注文請書）は、非課税文書に該当しますか。

　　　　　　　　　　注　文　請　書

　　　　　　　　　　　　　　　　　　　　　　　令和〇年〇月〇日
　株式会社　〇〇〇〇
　　〇〇製品の加工委託をお受けいたします。
　加工代金　9,000円
　　　　　　　　　　《中　略》
　前月売上分の加工代金30,000円を本日受領しました。
　　　　　　　　　　　　　　　　　　　　〇〇設備株式会社　印

解答

　上記の事例は、加工委託を請け負った際に作成する注文請書で、前月売上分の加工代金を受領した旨も記載されているため、第2号文書と第17号文書に該当するが、通則3イの規定により、第2号文書に該当する。ただし、第2号文書と第17号文書について記載金額がともに非課税金額のため、非課税文書に該当することとなる。

［検討1］　所属の決定

　第2号文書と第17号文書に該当した場合、通則3イの規定を図示すると以下のとおり。

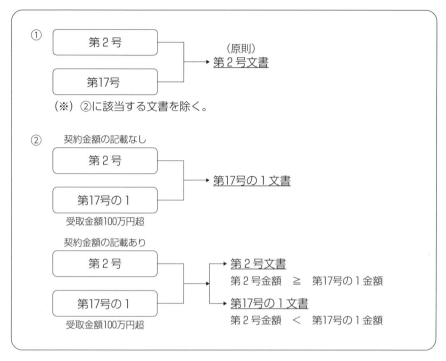

事例の場合は、第2号文書に該当する。

[検討2] 課税物件表の第1号及び第2号の非課税

第1号及び第2号文書は、記載金額が1万円未満であっても通則3の規定が適用され、第1号又は第2号に所属が決定されたものが次の一に該当する場合は非課税となる。

① 第1号又は第2号に所属が決定された文書で、同時に該当する文書が第15号又は第17号（いずれも金額についての非課税あり）であるものについては、それぞれの号の金額が1万円（第17号については5万円）未満のもの

② 第1号又は第2号に所属が決定された文書で、同時に該当する文書との合計記載金額の記載があり、かつその合計金額が1万円未満のとき

[検討3] 非課税に該当しない例

[検討2] を踏まえ、例えば本事例において、第2号文書の加工請負が9,000円、第17号の1文書の受取金額が6万円とすると、第2号文書に該当し、第2号文書としての記載金額が1万円未満であるものの、非課税規定は適用されない。

[まとめ]

第1号文書及び第2号文書は通則3の規定が適用され、第1号又は第2号に所属が決定されたものは非課税とはならないとされているが、記載金額1万円未満の非課税規定は、零細な取引に関しての文書は課税対象としないという趣旨から設けられたものであり、非課税であることが相当であるという取扱いがなされている。

参考

◆記載金額1万円未満の第1号又は第2号文書についての取扱い（基通33）

第33条　第1号文書又は第2号文書と第15号文書又は第17号文書とに該当する文書で、通則3のイの規定により第1号文書又は第2号文書として当該文書の所属が決定されたものが次の一に該当するときは、非課税文書とする。

(1) 課税物件表の第1号又は第2号の課税事項と所属しないこととなった号の課税事項とのそれぞれについて記載金額があり、かつ、当該記載金額のそれぞれが1万円未満（当該所属しないこととなった号が同表第17号であるときは、同号の記載金額については5万円未満）であるとき。

　（例）
　　9千円の請負契約と8千円の債権売買契約とを記載している文書（第2号文書）　　非課税

(2) 課税物件表の第1号又は第2号の課税事項と所属しないこととなった号の課税事項についての合計記載金額があり、かつ、当該合計金額が1万円未満のとき。

（例）

請負契約と債権売買契約との合計金額が9千円と記載されている文書
（第2号文書）　非課税

◆**契約金額が1万円未満の契約書（課税物件表第1号文書及び第2号文書非課税物件欄）**

第2章参照

◆**所属の決定（通則3イ）**

Q25の「参考」参照

Q41 建設工事の請負とその他の事項が記載されている契約書

　当社は総合建設業者です。今回、顧客との間で、建物の設計から建築までを受注しました。

　契約書を交わすに当たり、建築請負契約と設計請負契約を別々に交わす場合と、1つの契約書で設計及び建築請負契約を交わす場合では、印紙税の取扱いが違いますか。

令和○年6月10日

建物設計及び建築請負契約書

　A株式会社とB株式会社とは、次により建物設計及び建築請負に関する契約を締結する。

第1条　A社はB社に対し下記ビルディングの建築に必要な設計図書の作成及び建築工事を注文し、B社はこれを受注した。

　　　神奈川県川崎市○○区○○　A社○○ビル

第2条　契約金額　設計請負代金　8,000,000円（消費税別）

　　　　　　　　建築請負代金　200,000,000円（消費税別）

《中　略》

施　主　神奈川県川崎市○○区　　A株式会社　代表取締役　○○○○　㊞
請負者　神奈川県横浜市○○区　　B株式会社　代表取締役　○○○○　㊞

解答

　建物設計及び建築請負契約書は、第2号文書（請負に関する契約書）に該当し、記載金額208,000,000円、軽減税率適用の印紙税額60,000円とな

る。

　なお、事例における設計と建築請負を別々の契約書で作成した場合、設計契約は記載金額8,000,000円で軽減税率の適用がないため印紙税額10,000円、建築請負契約は記載金額200,000,000円、印紙税額は軽減税率適用の60,000円となり、合計70,000円の印紙が必要となる。

[検討]

　設計図書の作成を行い、これに対する報酬を支払うことを取り決める契約は請負契約に該当し第2号文書となる。この場合、設計のみの契約であれば建設業法第2条第1項に規定する建設工事には該当せず、軽減税率の適用はない。

　なお、建築工事の請負については第2号文書に該当し、建設業法第2条第1項に定める建築一式工事に該当することとなり、軽減税率の対象となる。

　ただし、1つの契約書に同一の号に該当する文書により証される事項に係る記載金額が2以上ある場合には、通則4イのとおり、これらの金額の合計額を記載金額とするとされている。つまり、この事例の場合のように、軽減税率の適用がない設計契約と、適用がある建築請負契約が1つの契約書に記載されている場合はその金額の合計額を記載金額とし、軽減税率が適用されることとなる。

[まとめ]

　税率の軽減措置は、建設工事の請負に関する事項が記載されている契約書に適用される。したがって、同一の号に該当する記載金額については、合計した金額が記載金額とされ軽減措置の適用がされることとなる。

参考

◆建設工事の種類（建設業法2①、同法別表第一）

　土木一式工事、建築一式工事、大工工事、左官工事、とび・土工・コンクリート工事、石工事、屋根工事、電気工事、管工事、タイル・れんが・ブロッ

ク工事、鋼構造物工事、鉄筋工事、ほ装工事、しゅんせつ工事、板金工事、ガラス工事、塗装工事、防水工事、内装仕上工事、機械器具設置工事、熱絶縁工事、電気通信工事、造園工事、さく井工事、建具工事、水道施設工事、消防施設工事、清掃施設工事、解体工事

◆税率軽減措置の対象となる契約書の範囲（租特法の取扱いについて）（法令解釈通達第91条関係3）

ロ　建設工事の請負に係る契約に基づき作成される請負に関する契約書と建設工事以外の請負に関する契約書とに該当する一の文書で、記載金額が100万円を超えるもの

　（例）　建物建設及び建物設計請負契約書

当初交わした請負契約で定めた単価の変更があった場合

　当社はエレベーター保守会社です。
　エレベーター保守契約書（原契約）は、第2号文書（請負に関する契約書）と第7号文書（継続的取引の基本となる契約書）に該当し、契約金額の記載があることから、通則3イの規定により第2号文書に該当しています。その後、月額保守料金を変更するために覚書を作成した場合、次の①～⑧の覚書は何号文書に該当しますか。なお、覚書には原契約の名称、契約年月日等の原契約を特定できる事項の記載があります。

【原契約】

令和X1年10月31日

エレベーター保守契約書

　○○商事株式会社（以下「甲」という。）と○○エレベーター株式会社（以下「乙」という。）との間で、エレベーターの保守契約を締結する。
第1条（保守場所）　東京都港区○○　○○商事本社ビル
第2条（保守内容）　甲の本社ビル内におけるエレベーターの定期点検、定期清掃
第3条（契約金額）　月額保守料100万円
第4条（契約期間）　令和X1年11月1日～令和X2年10月31日
《中　略》
　甲（委託者）　東京都港区○○　　○○商事株式会社
　　　　　　　　　　　　　　　代表取締役　○○○○　㊞
　乙（受託者）　東京都中央区○○　○○エレベーター株式会社
　　　　　　　　　　　　　　　代表取締役　○○○○　㊞

（原契約）　第2号文書：記載金額1,200万円、印紙税額20,000円

【覚書（変更契約）】

① 原契約書の月額保守料を令和X2年1月1日から110万円とする。
② 原契約書の月額保守料を令和X2年1月1日から90万円とする。
③ 原契約書の月額保守料を令和X2年11月1日以降110万円とする。
④ 原契約書の月額保守料を令和X2年11月1日以降90万円とする。
⑤ 原契約書の月額保守料100万円を令和X2年5月1日から令和X2年10月31日まで110万円とする。
　（注）　原契約書で定められた期間内での変更契約書
⑥ 原契約書の月額保守料100万円を令和X2年5月1日から令和X2年10月31日まで90万円とする。
　（注）　原契約書で定められた期間内での変更契約書
⑦ 原契約書の月額保守料を令和X2年5月1日から令和X3年4月30日まで110万円とする。
　（注）　原契約書で定められた期間内及びその期間を超えた変更契約書
⑧ 原契約書の月額保守料を令和X2年11月1日から令和X3年10月31日まで110万円とする。
　（注）　原契約書で定められた期間を超えた変更契約書

解答

（①②③④の覚書）

　第2号文書と第7号文書に該当し、通則3イの規定により、第7号文書に該当する。

（⑤の覚書）

　契約金額の計算ができることにより、通則4ニの規定により、記載金額60万円の第2号文書に該当する。

　＊記載金額：(110万円－100万円)×6か月＝60万円

（⑥の覚書）

　契約金額の計算はできるものの、変更金額が変更前の金額を減少させるものであるため、通則4ニの規定により、記載金額のない第2号文書に該

当する。

(⑦の覚書)

　契約金額が計算できることにより、通則4ニの規定により記載金額720万円の第2号文書に該当する。

　＊記載金額：(110万円－100万円)×6か月＋110万円×6か月＝720万円
　　　　　　　（原契約で定められた期間内）　　　（原契約で定められた期間経過後）

(⑧の覚書)

　原契約で定められた期間を超えており、通則4ニの適用条件である「当該文書に係る契約についての変更前の契約金額等の記載のある文書」がないことから、通則4ニの規定は適用されず、記載金額1,320万円の第2号文書に該当する。

　＊記載金額：110万円×12か月＝1,320万円

[検討]　契約期間内における変更契約の考え方

　変更契約書において下記の①と②ともに当てはまる場合の記載金額は、以下の取扱いとなる。

① 変更契約書において、当該文書に係る変更前の契約金額等の記載のある文書が作成されていることが明らかである。
② 変更の事実を証すべき文書により変更金額が記載されている。

○変更金額が変更前の契約金額を増加　→　変更金額を記載金額とする。
○変更金額が変更前の契約金額を減少　→　契約金額の記載のないものとする。

　したがって、変更契約書において変更前の契約金額等の記載のある文書が作成されていることが明示されていない場合は、上記の適用はされず、変更契約書に記載されている内容により判断する。

　＊契約期間経過後は、当該文書に係る変更前の契約金額等の記載のある文書がないため、通則4ニの規定は当てはまらない。

[まとめ]

　事例のような変更契約の場合、原契約を引用しているかどうか、原契約

の契約期間内での変更かどうか、また、変更金額の記載方法等によって所属・記載金額が異なる。取扱いを誤ると印紙税額の負担が過大となるため、作成時には注意が必要である。

参考

◆**所属の決定（通則3イ）**
Q25の「参考」参照
◆**変更契約の記載金額（通則4 ニ）**
ニ　契約金額等の変更の事実を証すべき文書について、当該文書に係る契約についての変更前の契約金額等の記載のある文書が作成されていることが明らかであり、かつ、変更の事実を証すべき文書により変更金額（変更前の契約金額等と変更後の契約金額等の差額に相当する金額をいう。以下同じ。）が記載されている場合（変更前の契約金額等と変更後の契約金額等が記載されていることにより変更金額を明らかにすることができる場合を含む。）には、当該変更金額が変更前の契約金額等を増加させるものであるときは、当該変更金額を当該文書の記載金額とし、当該変更金額が変更前の契約金額等を減少させるものであるときは、当該文書の記載金額の記載はないものとする。

取付工事を伴う機械の売買契約

　当社は大型機械製造会社です。
　大型機械を販売するに当たり、機械の引渡しは、一定の場所に取り付けたうえ検収後に行っていますが、カタログ品を販売する場合と、注文者から指示があった規格により製作・販売する場合（特別注文品）では、印紙税の取扱いに違いはありますか。
　なお、いずれの場合も大型機械のため、取付工事費を請求することとしています。

【事例１】　カタログ品を販売する場合（機械代金：取付料区分記載）

令和〇年11月１日

機械売買契約書

　卵食品株式会社（以下「甲」という。）と機械製造株式会社（以下「乙」という。）は、機械の売買について契約を締結する。
第１条（物　　件）　卵焼き製造機械（品番R-100）
第２条（機械代金）　1,200万円
第３条（取　付　料）　100万円
《中　略》
　　甲：東京都港区〇〇　　卵食品株式会社　　代表取締役　〇〇〇〇　㊞
　　乙：東京都中央区〇〇　機械製造株式会社　代表取締役　〇〇〇〇　㊞

【事例2】 カタログ品を販売する場合（機械代金：取付工事一式と記載）

令和〇年11月1日

機械売買契約書

　卵食品株式会社（以下「甲」という。）と機械製造株式会社（以下「乙」という。）は、機械の売買について契約を締結する。
第1条（物　　件）　卵焼き製造機械（品番R-100）
第2条（機械代金）　1,300万円（機械本体、取付工事一式）
《中　略》
　甲：東京都港区〇〇　　卵食品株式会社　　代表取締役　〇〇〇〇　㊞
　乙：東京都中央区〇〇　機械製造株式会社　代表取締役　〇〇〇〇　㊞

【事例3】 特別注文品を製作し、販売する場合（機械代金：取付料区分記載）

令和〇年11月1日

機械製作契約書

　卵食品株式会社（以下「甲」という。）と機械製造株式会社（以下「乙」という。）は、機械の製作について契約を締結する。
第1条（物　　件）　卵焼き製造機械
第2条（機械代金）　1,200万円
第3条（取　付　料）　100万円
《中　略》
　甲：東京都港区〇〇　　卵食品株式会社　　代表取締役　〇〇〇〇　㊞
　乙：東京都中央区〇〇　機械製造株式会社　代表取締役　〇〇〇〇　㊞

【事例4】 特別注文品を製作し、販売する場合（機械代金：取付工事一式と記載）

>   令和○年11月1日
>
>   機械製作契約書
>
> 卵食品株式会社（以下「甲」という。）と機械製造株式会社（以下「乙」という。）は、機械の製作について契約を締結する。
> 第1条（物　　件）　卵焼き製造機械
> 第2条（機械代金）　1,300万円（機械本体、取付工事一式）
>   《中　略》
> 甲：東京都港区○○　　卵食品株式会社　　代表取締役　○○○○　㊞
> 乙：東京都中央区○○　機械製造株式会社　代表取締役　○○○○　㊞

解答

事例1は第2号文書（請負に関する契約書）に該当し、記載金額100万円で印紙税額は200円となる。**事例2・事例3・事例4**についても、**事例1**と同じく、第2号文書に該当する。ただし、記載金額は機械代金と取付工事費の合計1,300万円、印紙税額は20,000円となる。

[検討1]　請負に関する契約に該当するか、物品の譲渡に関する契約に該当するか

注文者の指示に基づき一定の仕様又は規格等に従い、製作者の労務により工作物を建設することを内容とするものは「請負」に該当し、カタログ商品のように、あらかじめ一定の規格で統一された物品を、注文に応じ製作者の材料を用いて製作し、供給することを内容とするものは「物品の譲渡」に該当する。

その文書が請負契約書に該当するかどうかについては、文書の標題にかかわらず、契約の内容が請負なのか単なる物品の譲渡なのかにより判断する。

したがって、事例1・事例2における機械についてはカタログ商品であることから、物品の譲渡に該当する。また、事例3・事例4については特別注文品であり、注文者の指示に基づき、一定の仕様又は規格等に従い製作されたものであることから請負に該当する。

[検討2]　取付工事料が区分記載されているか否か

事例1における機械本体は物品の譲渡であり、取付工事料部分が請負に該当することとなり、取付工事料部分である100万円が記載金額となる。

事例2については、事例1と同様に機械本体は物品の譲渡に該当し、取付工事料部分は請負となるが、機械代金は「機械本体、取付工事一式」として機械本体と取付工事料が区分記載されていないため、契約書に記載されている合計金額1,300万円が記載金額となる。

また、事例3・事例4については、機械本体、取付工事料ともに請負に該当することになるため、区分記載されているかどうかにかかわらず、合計金額である1,300万円が記載金額となる。

[まとめ]

事例における機械の取付けについては、請負に関する契約に該当すると判断されたが、取付行為がすべて請負に該当するものではない。機械等を購入した場合に通常サービスとして取り付けられるようなもので、例えば、テレビを購入した場合の配線などは簡単であり、特別の技術を要しない。このような場合は、その取付工事は請負とは判断せず、全体を売買と考える。

[節税のポイント]

事例2のように、物品の譲渡に該当する規格品の本体価格と請負に該当する加工賃等が合計金額となっている場合、規格品の本体価格も含めた金額が請負契約書の記載金額となる。作成時には区分表示するよう留意する必要がある。

住宅リフォーム工事申込書

 当社は住宅リフォーム工事業者です。

 住宅リフォーム工事の申込みがあった場合、申込者から申込書を記入してもらいます。申込書は2枚複写で1枚目は会社控え用、2枚目は申込者控え用となっており、申込者控え用については契約担当者が署名・押印のうえ申込者に交付していますが、課税文書に該当しますか。

（1枚目：会社控え用）

申込日：令和○年1月5日

住宅リフォーム工事申込書

○○リフォーム株式会社　殿

　貴社よりリフォーム約定事項の説明を受け、その内容を承諾のうえ、貴社に住宅リフォームの申込みをいたします。

申込者	住所	○○県○○市○○町1－2－1		
	氏名	○○　○○　㊞		
工事予定額	3,000,000円			
申込金入金日	令和○年1月5日	申込金	50,000円	
リフォーム個所：1階トイレ、洗面所、浴室改修工事 1階玄関バリアフリー工事				
契約予定日	令和○年1月20日			

住宅リフォーム約定事項

(申込工事予定額)
第1条　申込書における申込工事予定額は、申込み時の概算額であり、確定金額は、目的物確定の協議後、それにより確定された設計図書等に基づき工事代金を決定する。

(建築申込金)
第2条　申込者は申込書とともに、金5万円を申込金として納入する。

(工事請負契約)
第3条　協議のうえ、工事代金の決定後「リフォーム工事請負契約書」を締結する。

〈以下余白〉

(2枚目：申込者控え)

申込日：令和〇年1月5日

住宅リフォーム工事申込書

〇〇リフォーム株式会社　殿

　貴社よりリフォーム約定事項の説明を受け、その内容を承諾のうえ、貴社に住宅リフォームの申込みをいたします。

申込者	住所	〇〇県〇〇市〇〇町1－2－1		
	氏名	〇〇　〇〇　㊞		
工事予定額	3,000,000円			
申込金入金日	令和〇年1月5日　受領済㊞		申込金	50,000円
リフォーム個所：1階トイレ、洗面所、浴室改修工事　　　　　　　　1階玄関バリアフリー工事				
契約予定日	令和〇年1月20日			

契約担当者　リフォーム事業部　〇〇〇〇　㊞

解答

　1枚目の会社控え用は不課税文書に該当する。2枚目の申込者控え用については記載金額300万円の第2号文書（請負に関する契約書）に該当し、印紙税額は軽減税率適用の500円となる。

[検討1]　申込書は印紙税法上の契約書に該当するか

　通常、契約の申込みの事実を証明する目的で作成される単なる申込書については契約書には該当しないが「申込書」等と表示されたものであっても、相手方の申込みに対する承諾の事実を証明する目的で作成されるものは、契約書に該当する。

　事例の住宅リフォーム工事申込書の会社控え用については、住宅リフォーム約定事項第3条において、別途リフォーム工事請負契約書を作成することとされており、申込みにより自動的に契約が成立することとなっていないため、契約書には該当しない。

　また、申込者控えについては会社控え用と同様の状態で渡すこととすれば、会社控え用と同様に、契約書には該当しない。しかし、事例の場合は、申込者からの申込みに対して、リフォーム会社の担当者が押印して交付しているものであり、相手方の申込みに対する承諾の事実を証明するものとなり、契約書に該当する。

[検討2]　申込金の受領について第17号文書（金銭の受取書）に該当しないか

　契約書に記載された金額であっても、契約金額とは認められない内入金額などは記載金額に該当しないが、内入金額であっても、内入金額の受領事実が記載されている場合には、第17号の1文書（売上代金に係る金銭の受取書）に該当することとされている（基通第28条）。

　事例の場合は、申込書中に申込着手金5万円の領収済印を押しており、受領事実が記載されていることから、第17号の1文書に該当する。

[検討3]　第2号文書と第17号文書に該当した場合の所属は

　第17号文書に該当する申込着手金5万円が第2号文書の記載金額である

工事予定額300万円より少ないので、通則3のイの規定により、第2号文書に該当する。

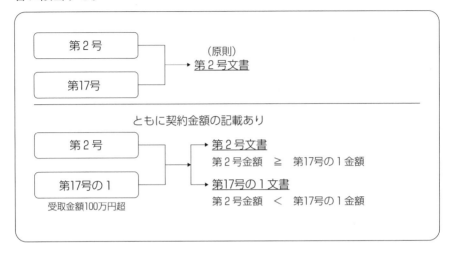

[まとめ]

　事例の申込者控えについては、申込者からの申込みに対して、受注者であるリフォーム会社の担当者が内容を確認のうえ、承諾印を押印し申込者へ交付するものであり、単なる申込書控えではなく、契約の事実を証明する目的で作成されるものと認められることから、印紙税法上の契約書に該当し、第2号文書と第17号文書に該当するが、通則3のイにより第2号文書に該当する。

参考

◆申込書等と表示された文書の取扱い（基通21）

Q6の「参考」参照

◆手付金額又は内入金額が記載されている契約書の記載金額（基通28）

第28条　契約書に記載された金額であっても、契約金額とは認められない金額、例えば手付金額又は内入金額は、記載金額に該当しないものとして取り扱う。

なお、契約書に100万円を超える手付金額又は内入金額の受領事実が記載されている場合には、当該文書は、通則3のイ又はハのただし書の規定によって第17号の1文書（売上代金に係る金銭又は有価証券の受取書）に該当するものがあることに留意する。

◆所属の決定（通則3イ）
Q25の「参考」参照

一の文書とは

　当社は大型機器販売会社です。
　機器（規格品）を販売するに当たり、機器の引渡しには組立据付工事費を請求する場合としない場合があります。
　見積書を袋綴じにし、契印が押されていますが、この場合、印紙税の取扱いはどうなりますか。

【事例1】

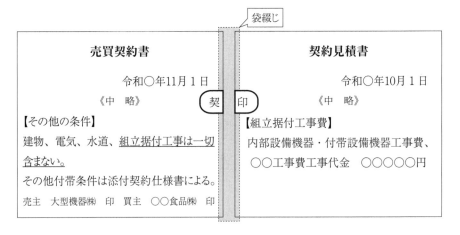

【事例2】

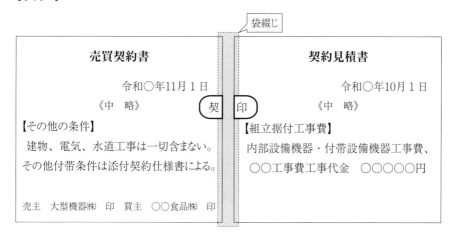

解答

　事例1は組立据付工事の請負については定めておらず、単なる機器の売買に関する契約書に該当する。**事例2**は据付工事を行わない旨の記載がないため、請け負うことに合意した契約書であり、第2号文書（請負に関する契約書）に該当する。

[**検討1**]　一の文書に該当するか

　契約見積書には契約当事者双方の署名・押印はなく、各売買契約書に、それぞれ袋綴じにされて、契印が押されている。契約当事者双方の署名・押印は売買契約書にされており、契約当事者は、契約見積書の内容を含めたところで合意し、売買契約書において双方署名・押印を行ったとみられる。

　したがって、売買契約書、契約見積書は印紙税法上の「一の文書」と認められ、売買契約書が課税文書に該当するか否かについての判断は、売買契約書及び契約見積書に記載されている事項を含めたところで総合的に行うこととなる。

[検討2] 請負に関する契約と物品の譲渡に関する契約のいずれに該当するか

事例1のように、売買契約書において「組立据付工事は一切含まない。」とあるのは、契約見積書で提示された組立据付工事について請け負うことまでを含めない旨合意した契約書であるため、機器の売買に関する契約書となる。

他方、契約見積書に工事を行う旨の記載があり、事例2のように「据付工事を行わない。」など、明確に組立据付工事を行わない旨の記載がないものは、工事を請け負うことに合意した契約書であり、第2号文書に該当することとなる。

なお、「請負に関する契約書」と「物品の譲渡に関する契約書」との判別が明確でないものについては、契約当事者間の意思が仕事の完成と物品の譲渡のどちらに重きをおいているかによっても判断することとなる。この場合は大型機器の売買であり、規模からみても家庭用電気器具の取付けのような物品の譲渡に付随する簡単な工事ではない。

組立据付工事が終了して初めて機器の使用ができることから、この売買契約書は、仕事の完成に重きをおいたものといえる。

[まとめ]

事例のように、別々の文書を袋綴じ等でまとめ、契印等を押なつしたものは、一の文書として全体で課否を判断することとなる。

また、当初課税文書として印紙を貼付していた文書を、新たな文書と袋綴じ等でまとめた場合、新たに課税文書を作成したものとみなされる場合があるので注意が必要である。

参考

◆一の文書の意義（基通5）

Q7の「参考」参照

◆請負に関する契約書と物品の譲渡に関する契約書との判別（基通別表一第2

号文書2(6))

(6) 一定の物品を一定の場所に取り付けることにより所有権を移転することを内容とするもの　（請負に関する契約書）

　（例）　大型機械の取付け

　　　ただし、取付行為が簡単であって、特別の技術を要しないもの　（物品の譲渡に関する契約書）

　（例）　家庭用電気器具の取付け

建築士法第22条の3の3の規定に基づき作成した設計・工事監理受託契約変更書面

　当社は総合建設業者です。

　平成27年6月26日より「建築士法の一部を改正する法律」が施行され、設計受託契約又は工事監理受託契約の締結に際して、書面による契約締結が義務づけられました。

　それに伴い、当社では工事請負契約を締結する際に、その契約内容に設計・工事監理を含み、かつ建設する建築物が延べ面積300㎡を超える場合、原契約書に特約事項として建築士法第22条の3の3の規定に基づき作成した「設計・工事監理受託契約事項の書面」を添付しています。

　「設計・工事監理受託契約事項の書面」には、①業務の実施期間、②業務の報酬の額、③建築士の名称及び所在地、④建築士事務所の開設者の氏名、⑤業務に従事する建築士の登録番号、⑥設計又は工事監理の一部の委託先等を記載しますが、その内容が変更された場合の変更書面の印紙税の取扱いはどうなりますか。

　なお、工事請負契約書に記載された内容については、いずれも変更がありません。

> 令和○年12月7日
>
> **建築士法第22条の3の3の規定に基づく
設計・工事監理受託契約事項の変更書面**
>
> 　委託者：○○○○と受託者：○○総合建設株式会社は、令和○年8月10日に締結した工事請負契約の設計・工事監理受託契約事項の一部を下記のとおり、変更します。
>
> ○　設計・工事監理受託契約事項　第○項
> 　【変更前】
> 　　　　○○○○○○○
> 　【変更後】
> 　　　　○○○○○○○
> 　変更の証しとして2通作成し、委託者○○○○と受託者○○総合建設株式会社が署名押印のうえ、各1通を所持する。
>
> 　委託者　住所：東京都中央区○○○
> 　　　　　氏名：○○○○　　㊞
> 　受託者　住所：東京都品川区○○○
> 　　　　　氏名：○○総合建設株式会社　代表取締役　○○○○　㊞

解答

①設計業務の実施期間の変更については、第2号文書（請負に関する契約書）の重要な事項である請負期限の変更に当たるため、記載金額のない第2号文書に該当する。

②業務の報酬の額の変更については、増額の場合は増額金額を記載金額とする第2号文書に該当し、減額の場合は記載金額のない第2号文書に該当することとなる。

③建築士の名称及び所在地、④建築士事務所の開設者の氏名、⑤業務に

従事する建築士の登録番号、⑥設計又は工事監理の一部の委託先の変更文書については、いずれも課税文書には該当しない。

[検討１]　契約の内容の変更とは

「契約の内容の変更」とは、既に存在している原契約との同一性を失わせないでその内容を変更することをいう。したがって、原契約との同一性を失わせるような変更は更改契約書であって変更契約書には該当しない。

[検討２]　変更契約書の所属の決定

契約は、形式、内容とも当事者において自由に作成されるものであり、事例のようにその契約に関連する様々な特約事項が織り込まれている場合があるが、変更契約書の取扱いについては、課税物件表に掲げられている契約の内容となると認められる事項（重要な事項）を変更するもののみを課税対象とすることとされている。

第２号文書の重要な事項は下記のとおりであるが、変更契約書はこの重要な事項が１つでも含まれる場合、課税文書となる。

【第２号文書の重要な事項】（基通別表第二）

① 請負の内容
② 請負の期日又は期限
③ 契約金額
④ 取扱数量
⑤ 単価
⑥ 契約金額の支払方法又は支払期日
⑦ 割戻金等の計算方法又は支払方法
⑧ 契約期間
⑨ 契約に付される停止条件又は解除条件
⑩ 債務不履行の場合の損害賠償の方法

[まとめ]

変更契約の場合、重要な事項を１つでも変更する契約書については課税文書に該当する。したがって、変更契約書であっても重要な事項以外のも

のを変更するものは、課税文書には該当しない。

> **参考**

◆延べ面積が三百平方メートルを超える建築物に係る契約の内容（建築士法22の3の3①）

第22条の3の3　延べ面積が三百平方メートルを超える建築物の新築に係る設計受託契約又は工事監理受託契約の当事者は、前条の趣旨に従つて、契約の締結に際して次に掲げる事項を書面に記載し、署名又は記名押印をして相互に交付しなければならない。

一　設計受託契約にあつては、作成する設計図書の種類

二　工事監理受託契約にあつては、工事と設計図書との照合の方法及び工事監理の実施の状況に関する報告の方法

三　当該設計又は工事監理に従事することとなる建築士の氏名及びその者の一級建築士、二級建築士又は木造建築士の別並びにその者が構造設計一級建築士又は設備設計一級建築士である場合にあつては、その旨

四　報酬の額及び支払の時期

五　契約の解除に関する事項

六　前各号に掲げるもののほか、国土交通省令で定める事項

バナー広告掲載契約書

当社のホームページ上にバナー広告を掲載することを受託した際に、「バナー広告掲載契約書」を作成していますが、課税文書に該当しますか。また、課税文書に該当した場合、印紙税額はいくらになりますか。

令和X1年5月24日

バナー広告掲載契約書

○○株式会社(以下「甲」という。)と○○株式会社(以下「乙」という。)とは、バナー広告掲載について、次の条項によって契約を締結する。

第1条(目的)
　甲は、乙が提出したバナー広告を当社のホームページに掲載し、乙は甲にその対価として広告掲載料を支払うものとする。

第2条(権利義務の譲渡の禁止)
　乙は、この契約から生じる一切の権利若しくは義務を第三者に譲渡し、又は継承させてはならない。

第3条(支払条件)
　甲の指定する期日までに甲の指定する口座に振り込む。

第4条(広告掲載期間)
　令和X1年6月1日から令和X3年3月31日まで

第5条(広告掲載料)　掲載料金月額50,000円

《中　略》

(甲)　横浜市南区○○町　○○株式会社　代表取締役　○○○○　㊞
(乙)　横浜市中区○○町　○○株式会社　代表取締役　○○○○　㊞

解答

バナー広告掲載契約は、広告という仕事を行い、それに対して報酬を支払う契約であるため、第2号文書(請負に関する契約書)に該当する。

記載金額は1,100,000円、印紙税額は400円となる。

[検討1] 広告契約とは

広告契約は、一定の期間における広告スライド映写、新聞広告又はコマーシャル放送等をすることを約し、広告主がこれに対して報酬を支払う契約であることから、請負契約に該当する。

インターネット上で行われる広告には、バナー広告をはじめ、メールマガジンあるいは音声や動画等を取り入れた広告など様々な形態があるが、このような広告も請負契約に該当する。

[検討2] 記載金額は

事例の文書では、広告掲載期間と広告掲載料金の記載により、記載金額が計算できる。

広告掲載期間:令和X1年6月1日から令和X3年3月31日

広告掲載料金:月額50,000円

(計算式)

50,000円(広告掲載月額料金)×22か月(広告掲載期間の月数)

=1,100,000円

印紙税額400円

[まとめ]

広告契約書は、広告という仕事に対して報酬を支払う契約であることから請負契約書に該当し、第2号文書に該当する。また、営業者間において今後行われる2以上の広告について、共通して適用される取引条件(数量、単価、対価の支払方法等)を定めるものについては、第7号文書(継続的取引の基本となる契約書)にも該当するため、通則3イの規定により所属を決定することとなる。

なお、1回の広告契約で単に広告の登載等が数回にわたるものは、2以

上の取引に共通して適用される取引条件を定めるものではないため、第7号文書には該当しない。

> **参考**

◆**広告契約書（基通別表一第2号文書12）**

12　一定の金額で一定の期間、広告スライド映写、新聞広告又はコマーシャル放送等をすることを約する広告契約書は、その内容により第2号文書（請負に関する契約書）又は第7号文書（継続的取引の基本となる契約書）に該当する。

◆**所属の決定（通則3イ）**

Q25の「参考」参照

Q48 売買基本契約書

当社は製造会社です。

商事会社との間で、商品売買を行うことの基本契約書を作成しましたが、課税文書に該当しますか。

令和○年7月10日

製品売買基本契約書

A製造株式会社(以下「甲」という。)とB商事株式会社(以下「乙」という。)は、甲の製造する電気商品(以下「商品」という。)の継続的売買について、次のとおり基本契約を締結する。

第1条(売買の目的物)……甲の製造する電気器具
第2条(売買条件)……売買商品の品名、数量、価格に関してはその都度、決定する。

《中　略》

第9条(代金の支払方法)……月末締切り、翌月10日に銀行振込みとする。
第10条(契約期間)……本契約の有効期間は1年間とする。ただし、期間満了時において双方より別段の申出のない場合は、自動的に1年間延長するものとする。
第11条(保証人の義務)……丙は連帯保証人となり、本契約ないし個別契約に関して、乙が甲に対して負担する一切の債務につき、乙と連携して保証するものとする。

《中　略》

当契約書は3通作成し、甲乙丙各1通ずつ所持する。

　　売主(甲)　　A製造株式会社　代表取締役　○○○○　㊞
　　買主(乙)　　B商事株式会社　代表取締役　○○○○　㊞
　　連帯保証人(丙)　　大手一郎　㊞

解答

　第7号文書（継続的取引の基本となる契約書）に該当し、印紙税額4,000円となる。
　なお、納税義務者は売主甲と買主乙であるが、丙の所持する文書も課税の対象となる。

[検討1]　第7号文書の要件

　売買基本契約において、第7号文書に該当する要件は、特約店契約書その他名称のいかんを問わず、営業者の間において、売買、売買の委託、運送、運送取扱い又は請負に関する2以上の取引を継続して行うため作成される契約書で、当該2以上の取引に共通して適用される取引条件のうち目的物の種類、取扱数量、単価、対価の支払方法、債務不履行の場合の損害賠償の方法又は再販売価格を定めるものとされている（令26一）。
　事例の製品売買基本契約書は、上記要件の、営業者の間において売買に関する2以上の取引を継続して行うため作成される契約書で、2以上の取引に共通して適用される取引条件のうち目的物の種類（甲の製造する電気器具）、対価の支払方法（月末締切り、翌月10日銀行振込み）を定めるものであり、第7号文書に該当する。

[検討2]　連帯保証人に関する事項

　契約書第11条（保証人の義務）において、丙が連帯保証人となる旨の定めがあるが、主たる債務の契約書に併記する保証契約は、第13号文書（債務の保証に関する契約書）から除かれている（第13号文書の課税物件名欄かっこ書）。
　ただし、併記された債務の保証契約を変更又は補充する契約書の場合には、債務の保証契約のみが記載されるので、第13号文書に該当することとなる。

【例】

```
                                              令和○年 8 月10日

                        変更契約書

  令和○年 7 月10日付、製品売買基本契約書第11条で定める連帯保証人を変更
いたします。
  (変更前)  大手一郎  →  (変更後)  築地二郎
  (変更時期)  令和○年 8 月10日から

        売主(甲)    A製造株式会社  代表取締役  ○○○○  ㊞
        買主(乙)    B商事株式会社  代表取締役  ○○○○  ㊞
        連帯保証人(丙)      築地二郎  ㊞
```

＊この場合、債務の保証人の変更は第 7 号文書の重要事項には当たらないため、第 7 号文書には該当しない。

[まとめ]

令第26条第 1 号に該当し、第 7 号文書となる文書は、下記の要件をすべて満たすものである。

① 営業者の間における契約であること
② 売買、売買の委託、運送、運送の取扱い又は請負に関する契約であること
③ 2 以上の取引を継続して行う契約であること(なお、2 以上の取引を継続して行う契約のうち、契約期間が 3 か月以内で、かつ、更新の定めがないものは除く。)
④ 取引条件のうち、目的物の種類、取扱数量、単価、対価の支払方法、債務不履行の場合の損害賠償の方法又は再販売価格を定める契約のうち 1 以上の項目を定めるものであること
⑤ 電気又はガスの供給に関する契約ではないこと

> 参考

◆ 2以上の取引の意義（基通別表一第7号文書4）

4　令第26条第1号に規定する「2以上の取引」とは、契約の目的となる取引が2回以上継続して行われることをいう。

◆ 目的物の種類、取扱数量、単価、対価の支払方法、債務不履行の場合の損害賠償の方法又は再販売価格を定めるものの意義（基通別表一第7号文書5）

5　令第26条第1号に規定する「目的物の種類、取扱数量、単価、対価の支払方法、債務不履行の場合の損害賠償の方法又は再販売価額を定めるもの」とは、これらのすべてを定めるもののみをいうのではなく、これらのうちの1又は2以上を定めるものをいう。

◆ 目的物の種類の意義（基通別表一第7号文書8）

8　令第26条第1号に規定する「目的物の種類」とは、取引の対象の種類をいい、その取引が売買である場合には売買の目的物の種類が、請負である場合には仕事の種類・内容等がこれに該当する。また、当該目的物の種類には、例えばテレビ、ステレオ、ピアノというような物品等の品名だけでなく、電気製品、楽器というように共通の性質を有する多数の物品等を包括する名称も含まれる。

◆ 対価の支払方法の意義（基通別表一第7号文書11）

11　令第26条第1号、第2号及び第4号に規定する「対価の支払方法を定めるもの」とは、「毎月分を翌月10日に支払う。」、「60日手形で支払う。」、「借入金と相殺する。」等のように、対価の支払に関する手段方法を具体的に定めるものをいう。

◆ 納税義務者（法3②）

Q5の「参考」参照

契約上の地位を譲渡する場合の契約書

　当社は電化製品製造業者です。

　このたび、当社と販売会社との間で締結した売買取引基本契約上の地位を、別の製造業者に譲渡することとなりました。その際に、下記の覚書を作成しましたが、印紙税の取扱いはどうなるのでしょうか。

　なお、当初、当社と販売会社との間で締結された売買基本契約書は第7号文書（継続的取引の基本となる契約書）に該当するものです。

令和X3年10月1日

地位承継に関する覚書

　A電化製品卸株式会社（以下「甲」という。）、B製造株式会社（以下「乙」という。）及びC製造株式会社（以下「丙」という。）及び甲の連帯保証人は乙の丙に対する営業譲渡に関して次のとおり、取り決める。

第1条（地位承継）

　乙は令和X1年8月10日に甲との間で締結された売買基本契約上の地位について令和X3年10月1日をもって丙に譲り渡し、丙はこれを譲り受け、甲はこれを承諾した。

第2条（登記等）

　乙は営業譲渡につき譲渡日後、遅滞なく担保物を丙に引き渡し、登記その他必要な手続きを行う。

第3条（保証）

　甲の連帯保証人は、今後とも乙に対すると同様に丙に対して保証及び担保の責に任ずる。

《中　略》

甲	A電化製品卸株式会社	代表取締役　〇〇〇〇　㊞	
乙（譲渡人）	B製造株式会社	代表取締役　〇〇〇〇　㊞	
丙（譲受人）	C製造株式会社	代表取締役　〇〇〇〇　㊞	
甲の連帯保証人	〇〇〇〇　㊞		

解答

第7号文書に該当し、印紙税額4,000円となる。

[検討1] 印紙税法上の契約書に該当するか

印紙税法上の契約書とは、契約証書、協定書、約定書その他名称のいかんを問わず、契約の成立若しくは更改又は契約の内容の変更若しくは補充の事実を証すべき文書とされている。事例における覚書は、契約の更改を定める文書であり、印紙税法上の契約書に該当する。

なお、更改とは、一方の債務の消滅と他方の債務を成立させることであり、債務の消滅部分は課税事項には該当しない。新たに成立する債務の内容の文書として所属が決定されることとなる。

[検討2] 甲と乙との間で締結されている売買基本契約書を引用することができるか

覚書の第1条において、甲と乙との間で締結されている売買基本契約を引用する旨の記載があることにより、覚書に甲と乙との間の売買契約内容が記載されているものとして引用することができる。ただし、記載金額及び契約期間については引用できない。

[まとめ]

事例の覚書は、既に甲と乙との間で締結されている売買基本契約を消滅させて、同一の取引条件で売買基本契約上の乙の地位を丙に譲渡することの更改契約書である。売買基本契約を引用しており、令第26条第1号の要件を充足するもので、第7号文書に該当する。

参考

◆契約書とは（通則5）

Q36の「参考」参照

◆他の文書を引用している文書の判断（基通4）

Q14の「参考」参照

◆**契約の更改の意義等（基通16）**

第16条　通則5に規定する「契約の更改」とは、契約によって、既存の債務を消滅させて新たな債務を成立させることをいい、当該契約を証するための文書は、新たに成立する債務の内容に従って、課税物件表における所属を決定する。

（例）
　　請負代金支払債務を消滅させ、土地を給付する債務を成立させる契約書
　　　第1号文書

　　（注）　更改における新旧両債務は同一性がなく、旧債務に伴った担保、保証、抗弁権等は原則として消滅する。したがって、既存の債務の同一性を失わせないで契約の内容を変更する契約とは異なることに留意する。

◆**継続的取引の基本となる契約書の範囲（令26一）**

Q9の「参考」参照

単価決定通知書

当社は製造業者です。下記「単価決定通知書」は、既に製造委託基本契約書を取り交わしている下請業者に対して、あらかじめ協議のうえ決定した単価を通知するために作成する文書ですが、課税文書に該当しますか。

令和〇年8月17日

〇〇株式会社　殿

<u>単価決定通知書</u>

　貴社との協議により、下記製品の加工単価を決定しましたので、ご通知申し上げます。

記

1　品　　名　　〇〇〇
2　加工単価　　1ケース当たり　5,000円
3　適用期間　　令和〇年9月から次回改定日まで

　　　　　　　　　　　〇〇電機株式会社　製造管理部　㊞

解答

　継続して行う請負契約に係る加工単価を定める文書であるため、第2号文書（請負に関する契約書）と第7号文書（継続的取引の基本となる契約書）に該当する。なお、この場合は契約金額の記載がないため、通則3イの規定により第7号文書に該当し、印紙税額は4,000円となる。

[検討1]　「単価決定通知書」は印紙税法上の契約書に該当するか

　印紙税法上の「契約書」とは、「通知書」という連絡文書のような名称であっても、名称のいかんを問わず、契約の成立若しくは更改又は契約の内容の変更若しくは補充の事実を証すべき文書をいい、当事者の一方のみが作成する文書であっても、当事者間の了解又は商慣習に基づき契約の成立等を証することとされているものを含むものとされている。

　事例の場合は、当事者間において協議のうえ、加工単価を決定したことが文書上明らかであり、第2号文書及び第7号文書の重要事項である「単価」を補充した文書に該当することから、印紙税法上の契約書に該当する。

[検討2]　第2号文書と第7号文書に該当した場合は

　第2号文書と第7号文書に該当した場合、通則3イの規定を図示すると下記のとおりであり、原則は第2号文書に該当するが、契約金額の記載のない場合は第7号文書に該当する。したがって、事例の場合は、契約金額の記載がないため第7号文書に該当する。

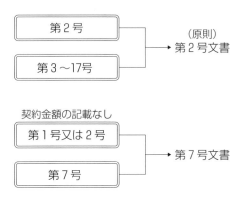

[まとめ]

　継続して物品等の製造委託を行う場合、その単価を決定した際には、「単価契約書」として契約当事者双方の署名・押印を行っている場合もあるが、このように「単価決定通知書」として一方的に通知する文書であっ

ても、当事者間の協議のうえ、単価を決定したことが明らかなものについては、印紙税法上の契約書に該当する。

ただし、契約の相手方当事者が別に承諾書など契約の成立の事実を証明する文書を作成する場合は、承諾書が印紙税法上の契約書に該当し、「単価決定通知書」は印紙税法上の契約書から除かれる。

参考

◆重要な事項の一覧表（第１号の４文書・第２号文書）
巻末資料参照

◆単価の意義（基通別表一第７号文書10）
10　令第26条第１号に規定する「単価」とは、数値として具体性を有するものに限る。したがって、例えば「市価」、「時価」等とするものはこれに該当しない。

継続的取引の基本となる契約書の要件の契約期間が3か月を超えるものとは

　当社は警備会社です。第7号文書（継続的取引の基本となる契約書）に該当する要件は「契約期間の記載のあるもののうち、契約期間が3か月以内で、かつ、更新に関する定めのないものは除く。」とされていますが、警備に関する基本契約を結ぶに当たり、次の**事例1**から**事例3**のように契約期間を記載した場合、第7号文書に該当しますか。

【事例1】

```
                                          令和X1年10月18日

                    警備業務基本契約書

　A建築株式会社と○○警備株式会社は、警備業務に関して基本事項を定める
ため、次のとおり基本契約を締結する。
第1条（本契約の目的）
　A建築株式会社の建築現場の警備業務
第2条（請負金額）
　警備料金は月1,100,000円（税抜き）
                      《中　略》
第10条（契約期間）
　契約期間は令和X1〇月〇日付のA建築株式会社からの工事計画書のとおり
とする。
                      《以下略》
```

【事例2】

　事例1の警備業務基本契約書の第10条（契約期間）を下記のように記載

第3章　印紙税Q&A　241

第10条（契約期間）
　　契約有効期間は、令和X1年10月1日から1年間とする。

【事例3】
　事例1の警備業務基本契約書の第10条（契約期間）を下記のように記載
　　第10条（契約期間）
　　契約期間は、令和X1年10月1日から令和X1年12月31日までとする。ただし、双方いずれも異議がない場合には、さらに3か月延長するものとする。

解答

事例1～事例3は、すべて第7号文書に該当する。

ただし、第2号文書（請負に関する契約書）にも該当し、**事例1**は記載金額が計算できないため第7号文書、**事例2**・**事例3**については記載金額が計算できることから、第2号文書に該当する。

[検討] 継続的取引の基本となる契約書に該当する「契約期間」の要件

継続的取引の基本となる契約書の要件として、契約期間の記載のあるもののうち、契約期間が3か月以内であり、かつ、更新に関する定めのないものは除かれている。

このことにより、契約期間に係る第7号文書に該当する要件は以下のとおりである。

① 契約期間の定めがないもの

② 契約期間が3か月を超えるもの

③ 契約期間が3か月以内であるが、更新に関する定めのあるもの

　＊更新に関する定めがあっても、当初の契約期間と更新後の期間を加えてもなお3か月以内の場合は除く（基通別表一第7号文書2）。

事例1では「契約期間は〇月〇日付のA建築株式会社からの工事計画書のとおりとする。」とされているが、たとえ、A建築株式会社からの工事計画書に3か月以内の契約期間が記載されていたとしても、契約期間については他の文書から引用することができないため、「契約期間の定めの

ないもの」として取り扱われる。したがって、第2号文書と第7号文書に該当するが、契約期間の定めがないことにより、記載金額が計算できず第7号文書に該当する。

事例2では「契約有効期間は、令和X1年10月1日から1年間」とされており、3か月を超えている。したがって、第2号文書と第7号文書に該当するが、記載金額が、月額警備料金110万円×12か月＝1,320万円と計算できることから、第2号文書に該当する。

事例3では「契約期間は、令和X1年10月1日から令和X1年12月31日まで」と3か月以内であるが、「双方いずれも異議がない場合には、さらに3か月延長する。」とされている。したがって、第2号文書と第7号文書に該当し、記載金額の計算ができることから第2号文書に該当する。なお、記載金額は警備料金110万円×3か月＝330万円となり、延長することができる期間は、契約期間には含まれない。

[まとめ]

契約期間については、他の文書からの引用はできず、その文書に契約期間が具体的に記載されていなければ契約期間とは判断しない。また、契約期間が3か月以内であっても、更新の定めがある場合（更新に関する定めがあっても、当初の契約期間と更新後の期間を加えてもなお3か月以内の場合は除く。）は第7号文書に該当することとなる。

参考

◆継続的取引の基本となる契約書で除外されるもの（基通別表一第7号文書2）

2 令第26条《継続的取引の基本となる契約書の範囲》の規定に該当する文書であっても、当該文書に記載された契約期間が3か月以内で、かつ、更新に関する定めのないもの（更新に関する定めがあっても、当初の契約期間に更新後の期間を加えてもなお3か月以内である場合を含むこととして取り扱う。）は、継続的取引の基本となる契約書から除外されるが、当該文書については、その内容によりその他の号に該当するかどうかを判断する。

◆他の文書を引用している文書の判断（基通4）

Q14の「参考」参照

◆月単位等で契約金額を定めている契約書の記載金額（基通29）

第29条　月単位等で金額を定めている契約書で、契約期間の記載があるものは当該金額に契約期間の月数等を乗じて算出した金額を記載金額とし、契約期間の記載のないものは記載金額がないものとして取り扱う。

　なお、契約期間の更新の定めがあるものについては、更新前の期間のみを算出の根基とし、更新後の期間は含まないものとする。

（例）　ビル清掃請負契約書において、「清掃料は月10万円、契約期間は1年とするが、当事者異議なきときは更に1年延長する。」と記載したもの
　　記載金額120万円（10万円×12か月）の第2号文書

産業廃棄物処理に係る契約書

当社は産業廃棄物処理業者です。産業廃棄物処理の場合、収集、運搬から処分に関するまでの契約の形態によって印紙税の該当する所属が違うとのことですが、どのような取扱いになりますか。

解答

産業廃棄物処理の場合、契約の形態により、第1号の4文書(運送に関する契約書)、第2号文書(請負に関する契約書)及び第7号文書(継続的取引の基本となる契約書)に分類される。

(1) 産業廃棄物収集・運搬委託契約(個別契約の場合)

産業廃棄物の処理依頼者と収集・運搬業者との間で、産業廃棄物を排出場所から収集し処分場所へ運搬することを約する契約は、第1号の4文書に該当する(産業廃棄物の収集は運搬に付随するものであり、請負契約ではなく、全体が運送契約に該当する。)。

(2) 産業廃棄物処分委託契約(個別契約の場合)

産業廃棄物の処理依頼者と処分業者との間で、産業廃棄物を処分することを約する契約は、第2号文書に該当する。

(3) 産業廃棄物収集・運搬及び処分委託契約(個別契約の場合)

① 収集・運搬及び処分業者が同一の場合

産業廃棄物の収集・運搬及び処分までの一連の作業を請け負う契約の場合は、最終的な処分までを請け負うことを目的とするものであり、原則として第2号文書に該当する。

ただし、収集・運搬と処分に係る金額が明確に区分されている場合に

は、収集・運搬と処分に係る契約は別の契約として、第1号の4文書と第2号文書に該当し、通則3ロの規定により、第1号の4文書か第2号文書のいずれか一方に該当する。

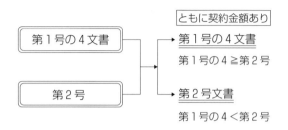

② 収集・運搬業者と処分業者が別の場合

　産業廃棄物を収集し、処分場所へ運搬する契約と処分をする契約が併せて記載されている三者契約の場合は、第1号の4文書と第2号文書に該当し、通則3ロの規定により、契約金額が大きい方の号に該当する。

(4) **産業廃棄物収集・運搬及び処分に関する契約（基本契約）の場合**

　産業廃棄物に係る契約は上記(1)～(3)のとおり、収集・運搬及び処分等の内容によって、第1号の4文書又は第2号文書に該当することとなるが、収集・運搬及び処分に関する2以上の取引を継続して行うために作成される契約書で、2以上の取引に共通して適用される取引条件のうち目的物の種類、取扱数量、単価、対価の支払方法、債務不履行の場合の損害賠償の方法等を定める文書は、第7号文書にも該当する（ただし、その場合であっても、営業者間以外の契約であるとき及び契約期間が3か月以内で更新の定めがないときは第7号文書からは除かれる。）。

　事例の場合、通則3イの規定に基づき、記載金額の有無により所属が判断される。

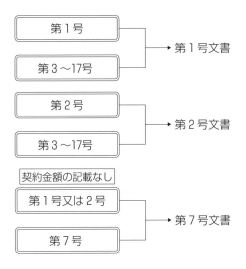

[検討] 契約金額（記載金額）

　記載金額については、契約書に記載されている排出予定数量に収集・運搬及び処分契約単価を乗じて算出することとなる。なお、予定数量等が記載されている文書の記載金額の計算は以下のとおりである。

（例1）　記載された契約金額等が予定である場合
　・排出予定（概算）数量……100㎥
　・処分契約単価……ごみガラ1㎥当たり25,000円
　　100㎥×25,000円＝250万円
　　⇒　予定（概算）金額が記載金額となる。

（例2）　記載された契約金額が最低金額又は最高金額の場合
　・最低排出金額50万円
　　⇒　記載金額50万円
　・最高排出金額100万円
　　⇒　記載金額100万円

（例3）記載された契約金額等が最低金額と最高金額の場合排出金額50万円〜100万円
　　⇒最低金額50万円が記載金額となる。

[まとめ]

　産業廃棄物処理に関しては、収集・運搬及び処分の契約形態により、印紙税における文書の所属が異なるため、作成時にはその点の理解も必要である。

[節税のポイント]

　関係団体等のひな形書式を使用した場合においても、排出数量や単価等が記入漏れ等により所属が変わり、税額が多くなってしまう場合が認められ、調査時に指摘を受ける場合もあるため、作成の際には留意しなければならない。

(例) 産業廃棄物処分契約（1年契約）

- ・排出予定数量：20㎥
- ・単価（1㎥当たり）：20,000円

　⇒　第2号文書　記載金額：400,000円、印紙税額：200円のところ、

- ・排出予定数量：空欄
- ・単価（1㎥当たり）：20,000円

と記載した場合、

　⇒　契約金額が計算できないため、

　　第7号文書　記載金額：なし、印紙税額：4,000円

となる。

　事例のような場合、契約時にある程度の排出予定数量がわかっているのであれば、予定数量を記載することによって、税額が少なくなることもある。

参考

◆所属の決定（通則3イ・ロ）

3　1の文書が2の規定によりこの表の各号のうち2以上の号に掲げる文書に該当することとなる場合には、次に定めるところによりその所属を決定する。

　イ　第1号又は第2号に掲げる文書と第3号から第17号までに掲げる文書とに該当する文書は、第1号又は第2号に掲げる文書とする。ただし、第1号又は第2号に掲げる文書で契約金額の記載のないものと第7号に掲げる

文書とに該当する文書は、同号に掲げる文書とし、第1号又は第2号に掲げる文書と第17号に掲げる文書とに該当する文書のうち、当該文書に売上代金（同号の定義の欄1に規定する売上代金をいう。以下この通則において同じ。）に係る受取金額（100万円を超えるものに限る。）の記載があるもので、当該受取金額が当該文書に記載された契約金額（当該金額が2以上ある場合には、その合計額）を超えるもの又は契約金額の記載のないものは、同号に掲げる文書とする。

ロ　第1号に掲げる文書と第2号に掲げる文書とに該当する文書は、第1号に掲げる文書とする。ただし、当該文書に契約金額の記載があり、かつ、当該契約金額を第1号及び第2号に掲げる文書のそれぞれにより証されるべき事項ごとに区分することができる場合において、第1号に掲げる文書により証されるべき事項に係る金額として記載されている契約金額（当該金額が2以上ある場合には、その合計額。以下このロにおいて同じ。）が第2号に掲げる文書により証されるべき事項に係る金額として記載されている契約金額に満たないときは、同号に掲げる文書とする。

◆記載金額の計算をすることができるとき（通則4ホ(一)）

(一)　当該文書に記載されている単価及び数量、記号その他によりその契約金額等の計算をすることができるときは、その計算により算出した金額を当該文書の記載金額とする。

取扱数量を定める契約書

　当社は物品製造業者です。
　今回、取引先との間で当社が製造委託を受けている商品の予定数量を定め、覚書を交わすこととしました。
　この場合の印紙税の取扱いはどうなりますか。

　　　　　　　　　　　　　　　　　　　　　　　　令和X1年 3 月13日

　　　　　　　　　　　　　覚　　　書

　○○電機販売株式会社（以下「甲」という。）と○○製造株式会社（以下「乙」という。）との間で、○○製造株式会社が製造委託を受ける商品の取扱予定数量について、覚書を締結します。

第 1 条　月間取扱予定数量は最低500台とする。

第 2 条　令和X1年 4 月 1 日から令和X2年 3 月31日とする

第 3 条　本覚書に記載されていない事項については、甲、乙協議のうえ、別途
　　　　定めるものとする。

　　上記契約の証として本書 2 通を作成し双方所持する。

甲　東京都品川区○○　○○電機販売株式会社　代表取締役　○○○○　㊞
乙　東京都豊島区○○　○○製造株式会社　　　代表取締役　○○○○　㊞

解答

　製造委託に係る商品の取扱数量を定める文書であり、第2号文書（請負に関する契約書）と第7号文書（継続的取引の基本となる契約書）に該当し、記載金額の計算ができないことから第7号文書に該当する。

[検討1]　請負の意義

　第2号文書の「請負」とは、民法に規定する請負をいう。事例の文書は甲が乙に商品の製造委託を行うことを定めたものであることから、請負に関する契約書に該当する。

[検討2]　第7号文書の要件は

　第7号文書に該当する要件は、令第26条第1号に規定されており、下記の要件すべてに該当した場合、第7号文書に該当する。

①　営業者の間の契約であること
②　売買、売買の委託、運送、運送取扱い又は請負に関する契約であること
③　2以上の取引を継続して行う契約であること
④　取引条件のうち、目的物の種類、取扱数量、単価、対価の支払方法、債務不履行の場合の損害賠償の方法又は再販売価格のうち1以上の項目を定める契約であること
⑤　電気又はガスの供給に関する契約ではないこと

　＊なお、契約期間が3か月以内で、かつ更新の定めのないものは除かれる。

[検討3]　取扱数量とは

　令第26条第1号に規定する取扱数量とは取扱量として具体性を有するものをいい、例えば「1か月の最低取扱数量は100台とする。」というように、1取引当たり、1か月当たり等の取引数量を具体的に取り決めるものがこれに該当する。

　また、取扱数量としては、数量だけではなく、金額により取扱目標を定める場合も含まれる。したがって、「1か月の最低取引金額は100万円とする。」という内容も取引数量に該当する。

[まとめ]

　令第26条第1号でいう取扱数量には、事例のように最高数量又は最低数量を定めるもののほか、予定数量や概算数量を定める場合や金額により取扱目標を定める場合も含まれる。

　例えば、事例の場合は第2号文書と第7号文書に該当し、記載金額の計算ができないことから、第7号文書に該当することとなるが、予定数量ではなく、予定金額を記載した場合には記載金額のある契約書に該当し、第2号文書に該当することとなる。

参考

◆請負の意義（基通別表一第2号文書1）

1　「請負」とは、民法第632条《請負》に規定する請負をいい、完成すべき仕事の結果の有形、無形を問わない。

　なお、同法第648条の2《成果等に対する報酬》に規定する委任事務の履行により得られる成果に対して報酬を支払うことを約する契約は「請負」には該当しないことに留意する。

◆継続的取引の基本となる契約書の範囲（令26一）

Q9の「参考」参照

◆2以上の取引の意義（基通別表一第7号文書4）

Q48の「参考」参照

◆取扱数量を定めるものの意義（基通別表一第7号文書9）

9　令第26条第1号に規定する「取扱数量を定めるもの」とは、取扱量として具体性を有するものをいい、一定期間における最高又は最低取扱（目標）数量を定めるもの及び金額により取扱目標を定める場合の取扱目標金額を定めるものを含む。したがって、例えば「1か月の最低取扱数量は50トンとする。」、「1か月の取扱目標金額は100万円とする。」とするものはこれに該当するが、「毎月の取扱数量は当該月の注文数量とする。」とするものは該当しない。

　（注）　取扱目標金額を記載した契約書は、記載金額のある契約書にも該当するのであるから留意する。

継続的取引の基本となる契約書の範囲で定める『単価』、『対価の支払方法』とは

　当社は部品製造会社です。第7号文書（継続的取引の基本となる契約書）の範囲で定める、2以上の取引に共通して適用される取引条件のうち「単価」、「対価の支払方法」を定める契約とは、具体的にどのような要件となりますか。

　なお、当社は次の契約書を締結していますが、この要件に該当しますか。

　　　　　　　　　　　　　　　　　　　　　令和○年10月20日

　　　　　　　　　　　製　造　委　託　契　約　書

　○○株式会社（以下、甲という）と○○製造株式会社（以下、乙という）との間で電気製品の製造委託契約を締結する。
　1．品　　　名　　甲が乙に製造を委託する製品は「甲が販売する空気清浄機」とする。
　2．単　　　価　　従来の価格の0.8掛けとする。
　3．対価の支払方法　　○○銀行で支払う。
　4．契約期間　　令和○年11月1日から適用する。
　　　　　　　　　　　　　《中　　略》
　　　甲　○○株式会社　　代表取締役　○○○○　印
　　　乙　○○製造株式会社　代表取締役　○○○○　印

解答

▷「単価」の要件

　一般的に「単価」とは、その取引における１単位当たりの具体的な数値をいい、事例の請負の取引においては、製作物の単位数量当たりの価格をいうものであり、印紙税法上の「単価」も同じ考えである。

　また、印紙税法上の「単価」は、数値として具体性を有するものに限られていることから、「１個当たりの単価は〇〇〇円とする。」といった〇〇〇円がこれに該当する。

　したがって、事例のように「従来の価格の0.8掛けとする。」など、具体性のない数値を定めたものは、単価を定めたことにはならない（ただし、従来の価格を別紙「価格表」として添付したものは、「単価」を定めたものに該当する）。

　また、「１個当たりの価格は、引渡日の市場価格による。」と定めても、具体的な数値を定めたことにならないため、単価を定めたことにはならない。

▷「対価の支払方法」の要件

　「対価の支払方法」を定めるものとは、「毎月分を翌月10日に支払う。」、「60日手形で支払う。」、「借入金と相殺する。」等のように、対価の支払に関する手段、方法を具体的に定めるものをいう。

　したがって、事例のように「〇〇銀行で支払う。」と、単に支払う場所を定めたものや、「相殺することができる。」旨の規定、取引代金を月単位で決済している場合において、その月の締切日を変更すること（支払日については変更なし）は、対価の支払方法を定めたことにはならない。

　また、振込先の銀行を変更する場合も「対価の支払方法」を定めるものには該当しない。

　上記を踏まえると、事例の場合は「単価」、「対価の支払方法」ともに具

体的に定めるものには該当しないため、第7号文書で定める要件には当てはまらない（ただし後述のとおり、第7号文書には該当する）。

[まとめ]

　令第26条第1号に掲げる「継続的取引の基本となる契約書」とされるのは、以下の要件すべてに該当するものとなる。

①　営業者の間の契約

②　売買、売買の委託、運送、運送の取扱い又は請負のいずれかの取引に関する契約

③　2以上の取引を継続して行うための契約

④　2以上の取引に共通して適用される取引条件のうち目的物の種類、取扱数量、単価、対価の支払方法、債務不履行の場合の損害賠償の方法、再販売価格のうちの1以上の事項を定める契約

⑤　電気又はガスの供給に関する契約でないこと

　上記解説のとおり、事例の契約書は、④のうち「単価」、「対価の支払方法」については定めたこととはならないが、目的物の種類（甲が販売する空気清浄機）を定めており、①から⑤すべての要件に当てはまることから、第7号文書に該当する。

参考

◆継続的取引の基本となる契約書の範囲（令26一）

Q9の「参考」参照

◆単価の意義（基通別表一第7号文書10）

Q50の「参考」参照

◆対価の支払方法の意義（基通別表一第7号文書11）

Q48の「参考」参照

Q55 リベート支払に関する覚書

当社は商社です。下記の文書は販売先との間で締結した、商品売買基本契約に基づき、別途リベート支払について定める文書です。

この文書は、印紙税法上の課税文書に該当しますか。

リベート支払に関する覚書

令和○年1月○日

株式会社○○電機店（以下「甲」という。）と○○商事株式会社（以下「乙」という。）は、下記の内容のとおり、乙が甲に支払うリベートについて覚書を締結する。

第1条　対象期間は令和○年2月○日から令和○年10月○日迄とする。

第2条　リベートの対象商品　「○○○○」

第3条　期間中の甲の仕入予定金額　○○○○万円

第4条　乙は仕入実績額の○％をリベートとして支払う。

第5条　リベートの支払時期及び支払方法

　　　　リベートの支払時期は甲の仕入支払日とし、乙の甲に対する売掛金と相殺する。

（中　略）

（甲）東京都○○区○○町○―○―○

　　　株式会社○○電機店　代表取締役○○○○　㊞

（乙）神奈川県横浜市○○区○○町○―○―○

　　　○○商事株式会社　代表取締役○○○○　㊞

解答

　当事者間において対象商品「〇〇〇〇」の仕入予定金額を定めており、令第26条第１号に規定する取引条件のうち、「取扱数量（取扱金額）」を定めた文書に該当することから、第７号文書に該当する。

[検討１]　リベート対象商品「〇〇〇〇」は、令第26条第１号における「目的物の種類」を定める文書に該当するか

　リベート対象商品「〇〇〇〇」は、あくまでも、リベートの対象となる商品を定めたものであり、令第26条第１号に定める目的物の種類を定める文書に該当しない。

[検討２]　甲へのリベート支払日として売掛金と相殺すると定めている部分については「対価の支払方法」に該当しないか

　リベートの支払時期については、「甲へのリベート支払日とし、売掛金と相殺する」と定めていても、これはリベートの支払時期、支払方法を定めたものであり、令第26条第１号でいう継続的取引の基本となる売買における対価の支払方法を定める文書に該当しない。

[検討３]　仕入予定金額は、令第26条第１号で定める「取扱数量」を定める文書に該当するか

　仕入予定金額について、令第26条第１号における、「取扱数量」を定める文書に該当するかどうかは、当事者間において、一定期間における取扱予定金額を定めるものであり、令第26条第１号の重要事項である取扱数量（取扱金額を含む）に該当する。

[まとめ]

　令第26条第１号に定める第７号文書の要件は、売買に関する２以上の取引を継続して行われるため作成される契約書で、当該２以上の取引に共通して適用される取引条件のうち目的物の種類、取扱数量、単価、対価の支払方法等、売買に関する２以上の取引に共通するものであり、仕入予定金額は売買に関する取扱数量を定めるといえるが、リベートの対象商品、支払時期については、リベートに係るものであり、第７号文書の要件の目的

物の種類、対価の支払方法を定める文書には該当しない。

> **参考**

◆継続的取引の基本となる契約書の範囲（令26一）

Q9の「参考」参照

◆継続的取引の基本となる契約書で除外されるもの（基通別表一第7号文書2）

Q51の「参考」参照

◆目的物の種類の意義（基通別表一第7号文書8）

Q48の「参考」参照

◆対価の支払方法の意義（基通別表一第7号文書11）

Q48の「参考」参照

◆取扱数量を定めるものの意義（基通別表一第7号文書9）

Q53の「参考」参照

販売協力金の支払に関する覚書

当社は飲料商品等の製造会社です。当文書は当社と小売店との間で、販売協力金の支払について定める文書ですが、印紙税法上の課税文書に該当しますか。

なお、両社間には直接の売買取引はなく、取引には卸売会社が中間に入ります。

販売協力金の支払に関する覚書

令和○年3月○日

○○食品株式会社(以下「甲」という。)と○○スーパー株式会社(以下「乙」という。)は、甲の製造した○○商品に対して、積極的に販売してもらうことを条件に乙の販売目標数量を設定し、乙が顧客に販売する実績に基づき販売協力金を以下のとおり支払うことを定めることとする。

第1条　対象商品　「○○の水」
第2条　販売目標数量　100,000本
　　　　（令和○年4月1日～令和○年10月31日までの販売）
第3条　販売協力金
　　　　販売目標数量の95％以上～100％未満達成　本数×3.2円
　　　　100％以上～105％未満達成　本数×3.5円
　　　　105％以上達成　本数×4.0円
第4条　販売協力金の支払方法
　　　　販売協力金の支払については、甲は目標数量設定期間終了後の翌月末日までに乙の指定口座に振り込むこととする。
　　　　　　　　　　　（中　　略）
（甲）東京都○○区○○町○―○―○
　　　　○○食品株式会社　代表取締役○○○○　㊞
（乙）神奈川県横浜市○○区○○町○―○―○
　　　　○○スーパー株式会社　代表取締役○○○○　㊞

解答

不課税文書に該当する。

[検討] 第7号文書に該当しないか

第7号文書の要件の1つとして、令第26条第1号において「営業者の間において、売買、売買の委託に関する二以上の取引を継続して行うため作成される契約書で、当該二以上の取引に共通して適用される取引条件のうち目的物の種類、取扱数量、単価、対価の支払方法、債務不履行の場合の損害賠償の方法又は再販売価格を定めるもの」と規定されている。

甲乙はともに営業者ではあるものの、売買の当事者は甲と卸売会社間、乙と卸売会社となるため甲乙は直接の売買取引がないので、第7号文書には該当しない。

[まとめ]

事例の場合は、売買取引の直接の当事者間でないため、第7号文書には該当しないが、その売買取引の直接の当事者間であれば、事例のように売買に関する二以上の取引に際して作成する文書であり、取扱数量を定める場合は第7号文書に該当する。

参考

◆継続的取引の基本となる契約書の範囲（令26一）

Q9の「参考」参照

◆取扱数量を定めるものの意義（基通別表一第7号文書9）

Q53の「参考」参照

連帯保証に係る承諾書

　当社はクレジット会社です。下記の文書は、連帯保証人が購入者の債務を連帯して保証することを、クレジット会社に承諾書として提出するものですが、課税文書に該当しますか。

【事例】

　　○○クレジット株式会社　殿

連帯保証承諾書

購入者	住所：○○県○○市○○ 氏名：○○　○○
契約年月日	令和○年○月○日
商品名	○○○○
分割払価格	○○○○○円
支払内容	支払回数：○○回払い

　私は、上記購入者の連帯保証人となり、購入者と連帯して支払を行うことを承諾します。
令和○年○月○日
連帯保証人
住　所：○○県○○市○○
氏　名：　○○　○○　㊞

解答

連帯保証人がクレジット会社に対して購入者の債務を購入者と連帯して保証することを承諾する文書であり、第13号文書（債務の保証に関する契約書）に該当する。

[検討1] 債務の保証とは

「債務の保証」とは、主たる債務者がその債務を履行しない場合に保証人がこれを履行することを債権者に対し約することをいう。したがって、第三者が債務者に対してその債務の保証を行うことを約する文書（保証委託契約書等）は、委任に関する契約書に該当し、課税文書には該当しない。

また、「債務の保証」に類似したものとして、他人の受けた不測の損害を補てんする損害担保契約がある。債務保証契約は主たる債務（他人の債務）が存在していることを前提にしているが、損害担保契約は、主たる債務が存在しないため、債務の保証には該当しない。

[検討2] 主たる債務の契約書に併記した債務の保証に関する契約書

主たる債務の契約書に債務保証契約の成立を併記した場合は、その債務の契約書が課税文書に該当しない場合であっても第13号文書とはならない。

第13号文書に該当する場合は以下のとおりである。

① 保証契約のみが単独で契約される場合
② 主たる債務の契約書に併記した債務の保証契約を変更又は補充する契約書
③ 契約の申込文書に併記した債務の保証契約書

【主たる債務の契約書に併記した債務の保証に関する契約書の例】

　　　　　　　　　建物賃貸借契約書

　　　　　　　　　　　　　　　　　　　　　令和〇年〇月〇日

　貸主「甲」と借主「乙」は不動産に関する賃貸借契約を締結する。
　賃料は月額〇〇〇〇円とする。
　　　　　　　　《中　略》
　　　　　　　　　　　　　　　　　貸主：　〇〇　〇〇　㊞
　　　　　　　　　　　　　　　　　借主：　〇〇　〇〇　㊞

　借主が支払期限までに賃料を支払わなかった場合は保証人において全額支払います。

　　　　　　　　　　　　　　　　　保証人　〇〇　〇〇　㊞

　保証人が保証債務を承諾する文書であることから、債務の保証に関する契約書に該当するが、主たる債務である賃料の契約の建物賃貸借契約書に併記されている文書であるため、第13号文書には該当しない。

[まとめ]

　第13号文書の要件として、債務の保証に関する契約のうち、主たる債務の契約書に併記するものは除くとされている。

　事例の連帯保証承諾書は保証契約のみが単独で契約されており、第13号文書に該当する。

　なお、「身元保証ニ関スル法律」に定める身元保証に関する契約書については、非課税文書とされている（課税物件表の第13号文書の非課税物件欄）。

参考

◆債務の保証の意義（基通別表一第13号文書1）

Q33の「参考」参照

◆**債務の保証委託契約書（基通別表一第13号文書 2 ）**

2 「債務の保証に関する契約」とは、第三者が債権者との間において、債務者の債務を保証することを約するものをいい、第三者が債務者に対してその債務の保証を行うことを約するものを含まない。

　なお、第三者が債務者の委託に基づいて債務者の債務を保証することについての保証委託契約書は、委任に関する契約書に該当するのであるから、課税文書に当たらないことに留意する。

◆**主たる債務の契約書に併記した債務の保証に関する契約書（基通別表一第13号文書 3 ）**

Q33の「参考」参照

寄託契約と金銭の受取書

　金融機関の担当者が、顧客から預金として金銭を受け取った場合に「お預り証」を交付していますが、**事例1**と**事例2**の場合の印紙税の取扱いはどうなりますか。

【事例1】

```
                                    令和○年2月10日
                                    No  ○○○

                    お 預 り 証

  ○○○○　様

                  金500,000円

  上記金額を確かにお預かりいたしました。


                ○○銀行　取扱者　○○○○
```

【事例2】

```
                                          令和〇年2月10日
                                             No  〇〇〇

                         お 預 り 証

   〇〇〇〇   様


                         金500,000円

   普通預金として上記金額を確かにお預かりいたしました。


                    〇〇銀行　取扱者　〇〇〇〇
```

解答

　事例1は第17号の1文書（売上代金に係る金銭又は有価証券の受取書）に該当し、事例2は第14号文書（金銭の寄託に関する契約書）に該当する。

[検討1]　寄託とは

　「寄託」とは、民法第657条に規定する寄託をいい、当事者の一方が相手方のために保管をすることを約し、ある物を受け取ることによって、その効力を生ずる契約をいう。寄託契約においては特定の目的物を保管した後、目的物そのものを返還することとなるが、寄託の一種である消費寄託についても同様に取り扱われている（基通別表一第14号文書1）。

　消費寄託とは、受寄者が寄託物を消費することができ、これと同種、同等、同量の物を返還すればよい寄託契約であり、銀行預金はこれに該当する。

[検討2]　金銭又は有価証券の受取書とは

　「金銭又は有価証券の受取書」とは、金銭又は有価証券の引渡しを受け

た者が、その受領事実を証明するために作成し、その引渡者に交付する証拠書類をいう。したがって、受領事実を証明するすべての文書が該当し、文書の表題や形式にはこだわらない（基通別表一第17号文書１）。

[**検討３**] 　金融機関の担当者が作成する預り証等の区分：第14号文書に該当するか第17号文書に該当するか

　金融機関の担当者が、顧客から預貯金として金銭等を受け入れた際に作成する「預り証」等は、預金を受け取ったことが明らかである場合は第14号文書に該当する。

　ただし、預貯金として金銭を受け取った場合であっても、金銭の受領事実のみを証明するものである場合には、第17号文書に該当する。

　第14号文書に該当するのか第17号文書に該当するかについては、おおむね以下のとおり区分される。

第14号文書

（作成目的）
　預金として金銭等を受け入れた場合、その受入事実を証明するために作成、交付するもの

（文書例）
・預り証
・入金取次票

> 原則第14号文書
> （注）　**事例１**のように、金額の記載しかなく、文書上預金の預かりであることが明らかではないものは第17号文書に該当する。

・受取書
・領収書

> 文書名が受取書、領収書等であっても、受託文言・口座番号・預金期間など寄託契約の成立に結びつく内容が記載されているものは第14号文書に該当する。

第17号文書

（作成目的）
　金銭の受領事実のみを証明目的として作成、交付するもの
（文書例）
　・受取書
　・領収書等

単に預金の種類が記載されているものは第17号文書に該当する。

[まとめ]

　金融機関が金銭を預かる際に作成する預り証が第14号文書に該当するのか第17号文書に該当するかについては、記載文言から金銭の寄託を証明することが明らかである場合は第14号文書に該当し、単なる金銭の受領事実を証明目的とするものは第17号文書として取り扱われる。

　なお、**事例１**が第17号の１文書に該当することとなるのは、記載された受取金額が売上代金か売上代金以外か受取書の記載事項により明らかにされていないためである（課税物件表第17号の１文書定義欄１イ）。

参考

◆寄託の意義（基通別表一第14号文書１）

　「寄託」とは、民法第657条《寄託》に規定する寄託をいい、同法第665条の２《混合寄託》に規定する混合寄託及び同法第666条《消費寄託》に規定する消費寄託を含む。

　寄託（民法657）

　　第657条　寄託は、当事者の一方がある物を保管することを相手方に委託し、相手方がこれを承諾することによって、その効力を生ずる。

　混合寄託（民法665の２）

第665条の2　複数の者が寄託した物の種類及び品質が同一である場合には、受寄者は、各寄託者の承諾を得たときに限り、これらを混合して保管することができる。
2　前項の規定に基づき受寄者が複数の寄託者からの寄託物を混合して保管したときは、寄託者は、その寄託した物と同じ数量の物の返還を請求することができる。
3　前項に規定する場合において、寄託物の一部が滅失したときは、寄託者は、混合して保管されている総寄託物に対するその寄託した物の割合に応じた数量の物の返還を請求することができる。この場合においては、損害賠償の請求を妨げない。

消費寄託（民法666）
第666条　受寄者が契約により寄託物を消費することができる場合には、受寄者は、寄託された物と種類、品質及び数量の同じ物をもって返還しなければならない。
2　第590条及び第592条の規定は、前項に規定する場合について準用する。
3　第591条第2項及び第3項の規定は、預金又は貯金に係る契約により金銭を寄託した場合について準用する。

◆預り証等（基通別表一第14号文書2）
2　金融機関の外務員が、得意先から預金として金銭を受け入れた場合又は金融機関の窓口等で預金通帳の提示なしに預金を受け入れた場合に、当該受入れ事実を証するために作成する「預り証」、「入金取次票」等と称する文書で、当該金銭を保管する目的で受領するものであることが明らかなものは、第14号文書（金銭の寄託に関する契約書）として取り扱う。
　なお、金銭の受領事実のみを証明目的とする「受取書」、「領収書」等と称する文書で、受領原因として単に預金の種類が記載されているものは第17号文書（金銭の受取書）として取り扱う。

◆金銭又は有価証券の受取書の意義（基通別表一第17号文書1）
1　「金銭又は有価証券の受取書」とは、金銭又は有価証券の引渡しを受けた者が、その受領事実を証明するため作成し、その引渡者に交付する単なる証拠

書類をいう。
（注） 文書の表題、形式がどのようなものであっても、また「相済」、「完了」等の簡略な文言を用いたものであっても、その作成目的が当事者間で金銭又は有価証券の受領事実を証するものであるときは、第17号文書（金銭又は有価証券の受取書）に該当するのであるから留意する。

◆受取金額が売上代金であるか否か不明の場合（課税物件表第17号文書定義欄1イ）

第2章参照

売掛債権譲渡契約書

売掛債権を譲渡するに当たり、旧債権者と新債権者との間で債権譲渡契約書を作成しました。

印紙税の取扱いはどうなりますか。

債権譲渡契約書

令和○年1月23日

　株式会社A社（以下「甲」という。）が株式会社B社（以下「乙」という。）に対して有する債務の弁済に当たり、取決めを行う。

1　本日現在の債務　金○○○○○円
2　弁済方法　甲がC株式会社に対して平成○年○月○日に販売した売上債権
　　　　　　○○○○○円を乙に譲渡する。
3　甲は遅滞なくC株式会社に対し、債権譲渡の通知を行い、C株式会社の承諾を得ることとする。

《中　略》

甲（債務者）　東京都品川区○○　株式会社A社　代表取締役○○○○　㊞
乙（債権者）　東京都豊島区○○　株式会社B社　代表取締役○○○○　㊞

解答

　債権をその同一性を失わせないで旧債権者から新債権者へ移転させる契約で、債権譲渡契約の成立を証明する文書であり、第15号文書（債権譲渡に関する契約書）に該当する。

［検討1］　債権譲渡の意義

　債権譲渡契約とは、債権者が債務者に対して有する債権について、その同一性を失わせないで債権譲受人に移転する契約であり、旧債権者と債権譲受人である新債権者との間の契約をいう。

　また、債権とは、特定の者（債権者）が特定の者（債務者）に対して、将来財貨又は労務を給付させることを目的とする権利で、指名債権と証券的債権とに区分される。証券的債権の譲渡契約書のうち、有価証券の譲渡契約となるものは、第15号文書には該当しないが、有価証券の継続的な譲渡を約するもので令第26条第1号に該当する場合は、第7号文書（継続的取引の基本となる契約書）に該当する。

　その他の債権譲渡契約のうち、継続的な譲渡を約するもので令第26条第1号に該当する場合には、第15号文書と第7号文書に該当し、通則3ハの規定により第7号文書に該当する。

［検討2］　債権譲渡通知書等とは

　債権譲渡契約をした場合に、譲渡人が債務者に通知する債権譲渡通知書については、債務者に通知することによって債権譲渡契約が成立するものではなく、第15号文書には該当しない。

　また、債権を第三者に譲渡しようとする債権者の申出に対して債務者がその譲渡について承諾した旨を記載した債権譲渡承諾書についても、債権譲渡契約の成立を証する文書ではないため、第15号文書には該当しない。

［まとめ］

　債権譲渡に関する契約書は、事例のように旧債権者と新債権者との間の契約が多いが、債務者がこれを承諾することも定めた三者契約の場合もある。このような場合においても債権譲渡契約の成立を定めた文書であり、第15号文書に該当する。

　また、検討1において、第15号文書に該当しないと述べた有価証券の譲渡契約については、平成元年3月31日までは有価証券の譲渡に関する契約書として課税されていたが、同年4月1日からは課税廃止となっており、

第15号文書にも該当しない。

　また、債権譲渡契約であって第7号文書に該当する事例としては、例えばクレジット会社と販売会社との間で継続的に債権譲渡を行うことを定める契約書がある。

参考

◆債権譲渡の意義（基通別表一第15号文書1）
Q32の「参考」参照

◆債権譲渡通知書等（基通別表一第15号文書4）
4　債権譲渡契約をした場合において、譲渡人が債務者に通知する債権譲渡通知書及び債務者が当該債権譲渡を承諾する旨の記載をした債権譲渡承諾書は、課税文書に該当しない。

◆所属の決定（通則3ハ）
ハ　第3号から第17号までに掲げる文書のうち2以上の号に掲げる文書に該当する文書は、当該2以上の号のうち最も号数の少ない号に掲げる文書とする。ただし、当該文書に売上代金に係る受取金額（100万円を超えるものに限る。）の記載があるときは、第17号に掲げる文書とする。

課否判定のチェックポイント

　当社は物品販売業者です。
　商品の販売代金を口座振込みにより受け取った際に、振込人に対して入金済のお礼状を送付していますが、課税文書に該当するのでしょうか。
　また、課税文書に該当した場合、印紙税額はいくらになりますか。

　　　　　　　　　　　　　　　　　　　　　　　　　令和○年4月20日

　　　　　　　　　　　　入金のお礼

　このたびは、○○商品をご購入いただきありがとうございます。
　先般、令和○年3月31日付第10号　請求書にてご請求申し上げましたお品代金は、令和○年4月10日に指定口座によりご決済いただきありがとうございました。
　今後とも当社製品をご愛用いただきますようお願いいたします。

　　　　　　　　　　東京都○○区○○町○-○-○
　　　　　　　　　　　　株式会社　　○○○○　㊞

(参考)

```
                                                  第　10　号
                                                  令和○年3月31日

                            請　求　書

○　○　様
                                     株式会社　○○○○　㊞

下記のとおり、ご請求いたします。
○○商品　100セット　3,300,000円（消費税込）

※代金は下記の口座へお振込みください。
振込先　○○銀行○○支店　普通00000000　名義：株式会社　○○○○
```

解答

　商品販売代金の受領事実を証明する目的で作成されたものであるため、第17号の1文書（売上代金に係る金銭又は有価証券の受取書）に該当し、記載金額は3,300,000円、印紙税額は1,000円となる。

[検討1]　金銭の受取書に該当するか

　この事例の場合、標題は「入金のお礼」となっており、内容は商品販売に係る金銭の受領事実を証明するものであるため、第17号の1文書に該当する。

[検討2]　記載金額は

　お礼文書中に請求書の発行の日、記号番号の記載があることにより、当事者間において商品売上代金に係る受取金額が明らかであるため、その請求書に記載されている受取金額が記載金額となる（注1参照）。

　なお、請求書において3,300,000円（消費税込）と記載されているが、この場合は「消費税額等が区分記載されている」とはいえず（注2参照）、

全体が記載金額となる（注２のように区分記載すれば記載金額3,000,000円で印紙税額600円）。

　また、仮に入金のお礼状の文中に請求書の引用がなく、単なる入金の旨の記述だけであれば、印紙税額は記載金額なしの200円となる。

（注１）　第17号に掲げる文書のうち、売上代金として受け取る金銭若しくは有価証券の受取書に当該売上代金に係る受取金額の記載のある支払通知書、請求書その他これらに類する文書の名称、発行の日、記号、番号その他の記載があることにより、当事者間において当該売上代金に係る受取金額が明らかであるときは、当該明らかである受取金額を当該受取書の記載金額とする（通則４ホ三）。

（注２）　「消費税額等が区分記載されている」場合又は「税込価格及び税抜価格が記載されている」ことにより、その取引に当たって課されるべき消費税額等が明らかである場合には、消費税額等は記載金額に含めないとされる。

　　　具体的な記載例は下記のとおりである。

（例）
　イ　商品代金330万円　　税抜価格300万円　　消費税額等30万円
　ロ　商品代金330万円　　うち消費税額等30万円
　ハ　商品代金300万円　　消費税額等30万円　　計330万円
　ニ　商品代金330万円　　税抜価格300万円

［まとめ］

　売上代金について振込みにより入金を受ける場合、事例のように丁寧なお礼状を送付するケースは、以前に比べて少なくなっているものの、会社の規程書式ではなく営業担当者等が便宜上作成し、送付することにより、思わぬところで印紙税不納付の指摘を受けるケースがある。

　したがって、文書を統括する部門においては規程書式以外の文書を担当者サイドで勝手に作成しないよう周知を図るとともに、作成する際には印紙税の検討を行うことも必要である。

　なお、郵送でなく、FAXあるいは電子メールにて送信した場合においては現物の交付がなされない以上、たとえ「入金のお礼」をFAXあるいは電子メールによって送信したとしても、課税文書を作成したことにはならない。

また、作成者が保管している原本は、振込人に交付されるものではないため、課税文書には当たらず、FAXあるいは電子メールによって受信し、相手方においてプリントアウトされた文書についても、コピー文書と同様、課税文書には当たらない。

　ただし、FAXあるいは電子メールを送信後に原本を郵便等で送付した場合、その原本については課税文書に該当することとなるので注意が必要である。

Q61 受取金額5万円未満の非課税文書の考え方

次のような貸付金の回収に係る領収書を交付するに当たり、印紙税の取扱いはどうなりますか。

(事例1)

```
                                    令和○年○月○日

              領   収   書

○○○○　殿
                  金　50,000円
    (ただし、貸付金元本49,000円、貸付金利息1,000円)
                              株式会社○○○○
```

(事例2)

```
                                    令和○年○月○日

              領   収   書

○○○○　殿
                  金　50,000円
    (貸付金元本及び利息)
                              株式会社○○○○
```

解答

事例1及び事例2ともに、第17号の1文書に該当し、印紙税額は200円となる。

[検討1] 第17号文書の非課税文書の判定

事例1の文書は貸付金に係る元本及び利息を受け取った際に作成する領収書であり、貸付金利息については第17号の1文書（売上代金に係る金銭の受取書）、貸付金元本については第17号の2文書（売上代金以外に係る金銭の受取書）に該当するが、法別表1第17号文書の定義欄1のイにより第17号の1文書とみなされる。

この場合、第17号の1文書の記載金額である利息分が1,000円であり、第17号文書の非課税規定である受取金額が5万円未満のため非課税文書となりそうであるが、5万円未満の非課税文書に該当するかどうかを判断する場合には、その合計額により判断することとされる。

したがって、事例1の場合は第17号の1文書と第17号の2文書の合計額が50,000円のため課税文書に該当し、印紙税額200円となる。

[検討2] 売上に係る金額と売上代金以外の金額が区分できないとき

事例2の文書については、事例1と同様に、貸付金利息は第17号の1文書に該当し、貸付金元本は第17号の2文書に該当し、通則3ハの規定により、第17号の1文書に該当する。事例1と異なる点は、領収書において、貸付金元本と利息の金額が区分されていないことである。この場合は区分することができないため、その金額の合計が売上代金に係る金額となる。

したがって、事例2の場合は第17号の1文書に該当し、記載金額は50,000円で、印紙税額は200円となる。

[まとめ]

事例1の場合、第17号の1文書と第17号の2文書は同一号の文書であるため、5万円未満の非課税文書の判定は合計額により判定する。

事例2の場合は売上に係る金額と売上代金以外に係る金額が合計で記載されており、区分されていないため、合計金額が売上代金に係る金額となる。

> 参考

◆売上代金に係る金銭又は有価証券の受取書（課税物件表第17号文書定義欄1）

第2章参照

◆所属の決定（通則3ハ）

Q59の「参考」参照

◆税率の適用（通則4ハ）

ハ　当該文書が第17号に掲げる文書（3の規定により同号に掲げる文書となるものを含む。）のうち同号の物件名の欄1に掲げる受取書である場合には、税率の適用に関しては、イ又はロの規定にかかわらず、次に定めるところによる。

（一）　当該受取書の記載金額を売上代金に係る金額とその他の金額に区分することができるときは、売上代金に係る金額を当該受取書の記載金額とする。

（二）　当該受取書の記載金額を売上代金に係る金額とその他の金額に区分することができないときは、当該記載金額（当該金額のうちに売上代金に係る金額以外の金額として明らかにされている部分があるときは、当該明らかにされている部分の金額を除く。）を当該受取書の金額とする。

◆記載金額5万円未満の第17号文書の取扱い（基通34）

第34条　課税物件表第17号の非課税物件欄1に該当するかどうかを判断する場合には、通則4のイの規定により売上代金に係る金額とその他の金額との合計額によるのであるから留意する。

（例）　貸付金元金4万円と貸付金利息1万円の受取書

（第17号の1文書）記載金額は5万円となり非課税文書には該当しない。

個人が賃貸用財産を譲渡した際の領収書

個人で貸家賃貸業を営んでいますが、賃貸用に使用している土地建物を売却しました。

その際に作成する売却代金の受取書には、印紙を貼付しなければいけませんか。

令和○年5月10日

領 収 書

○○不動産　殿

金　150,000,000円

土地建物代金、正に受領しました。

大 手 一 郎 ㊞

解答

個人が賃貸用に使用している土地建物の売却に際して売主が作成する領収書は、自宅の家事用資産を譲渡した場合とは異なり、賃貸業を行う者（商人）として作成するものであり、営業に関しない受取書には該当せず、印紙貼付が必要となる。

したがって、第17号の1文書（売上代金に係る金銭の受取書）に該当し、記載金額は1億5,000万円、印紙税額は40,000円となる。

[検討1]　営業に関するかどうか

営業に関しない受取書は非課税とされているが、個人の場合、具体的に

どのような行為が営業に関するかの判断基準は、商法の規定による商人としての商行為による。すなわち、商人（商法上の商行為を行う者）である個人の行為は営業に該当する。

一方、医師、弁護士、税理士等がその業務上作成する受取書は商行為に該当せず営業に関しないものとされ、店舗をもたない農業従事者等が自己の生産物の販売に関して作成する受取書も非課税文書とされている。

事例の場合においては、自宅の家事用資産を譲渡した場合と異なり、商行為である賃貸業を行う者として作成する文書であるため、営業に関しない受取書には該当せず、課税文書に該当することとなる。

（注）　営業に関しない具体例
　（個人）
　・商人（商行為を行う）としての行為でないもの……医師・弁護士・税理士等が業務上作成する受取書、店舗をもたない農林業又は漁業等の生産者が自己の生産物の販売に関して作成する受取書
　・私的な財産の譲渡を行う行為……事業者でない個人
　（法人）
　・国・地方公共団体
　・法別表第二に掲げる法人……特定の独立法人、国立大学法人等
　・会社以外の法人（利益の配当ができない法人）……公益社団法人、社会福祉法人、医療法人、学校法人、宗教法人、NPO法人等
　・会社以外の法人（利益の配当ができる法人）……農業協同組合（その出資者が行う営業は印紙税法上の営業から除外される。）
　（人格のない社団）
　・非営利事業を目的とする人格のない社団……親睦団体、法人でない自治会
　・その他人格のない社団……非収益事業に関するもの

[検討2]　売上代金に該当するかどうか

印紙税法上の売上代金とは、原則として「資産を譲渡し若しくは使用させること又は役務を提供することによる対価」をいう。

したがって、売上のみならず事業用資産や賃貸用資産を売却した際の対価も第17号の1文書の売上代金となる。

このことからも、事例の場合においては、印紙税法上の営業に関する売

上代金の受取書を発行したといえる。

[まとめ]

　第17号文書の非課税規定における、営業に関しないものとは、商法上の商人に当たらない者が業務上作成する受取書をいう。

　個人の場合は**検討1**において解説したが、法人の場合は下記のとおりである。

① 　営利法人の行為はすべて営業となる。

② 　公益法人は営利を目的としていないため営業には該当しない。

③ 　営利法人及び公益法人以外の法人については、利益金又は剰余金の配当又は分配をすることができる法人か否かによって違ってくる。

受取金額の一部に売上代金を含む受取書

当社は不動産業者です。

家賃と敷金を受け取った際に領収書を発行しましたが、印紙税額はいくらですか。

令和〇年6月15日

〇〇商店　様

領　収　書

金　6,000,000円

敷金及び令和〇年7月分家賃、正に受領しました。

〇〇不動産　㊞

解答

第17号の1文書（売上代金に係る金銭の受取書）に該当し、記載金額6,000,000円、印紙税額2,000円となる。

[検討] 売上代金と売上以外の代金を一括して受け取った場合

受取金額のなかに売上代金と売上代金以外の受領が記載された受取書で、受取金額が合計で記載されている場合と、区分記載されている場合について検討する。

(1) 敷金と家賃の受取金額が合計で記載されている場合

　敷金は、賃貸物件に入居する際に借主が賃貸人に預けておく金銭であり、地域によっては保証金ともいわれているが、退去する際には原則として借主に返還されることとなり、売上代金には該当しない。また、家賃については、不動産業を営む者が資産を使用させることの対価として受領するものであることから、売上代金に該当する。

　ここで、事例のように敷金と家賃の受取金額が合計で記載されている場合は、受取書の金額を売上代金に係る金額とその他の金額とに区分することができないため、その受取金額合計が売上代金として受取書の記載金額となる。

(2) 敷金と家賃の受取金額が区分記載されている場合

　下記のように、売上代金に係る金額とその他の金額とに区分記載されている場合には、売上代金に係る金額がその受取書の記載金額となる。

```
                                        令和○年6月15日
  ○○商店　様

                    領　収　書

                   金　6,000,000円

   （内　訳）
       敷　　　金　5,000,000円
       7月分家賃　1,000,000円　　正に受領しました。
                                    ○○不動産　㊞
```

　第17号の1文書に該当し、記載金額1,000,000円、印紙税額200円となる。

(注1) 売上代金の意義

　売上代金とは、資産を譲渡若しくは使用させること又は役務を提供することによる対価をいう。判定のポイントは、「対価性」を有するか、有しないかである。印紙税法上における「売上代金」についてまとめると、以下のとおりである。

《資産を譲渡することの対価》
　資産は有形、無形を問わないことから、商品、備品等の流動資産、固定資産、無体財産権その他の資産を譲渡する場合の対価が該当する。
（例）・商品の売上代金（売掛金の回収を含む。）
　　　・資産の売却代金（未収金の回収を含む。）
　　　・無体財産権（特許権、実用新案権、商標権等）の譲渡代金等

《資産を使用させることの対価》
　不動産、動産、無体財産権その他の権利を他人に使用させることの対価をいう。
（例）・土地、建物等不動産の賃貸料
　　　・建設機械、自動車、事務機器等のリース料
　　　・貸付金の利息　等

《役務を提供することの対価》
　請負契約、運送契約、委任契約、寄託契約等のように、労務、便益、その他のサービスを提供することをいう。
（例）・請負契約の対価（工事請負代金、修繕費等）
　　　・運送契約の対価（運送料等）　等

（注2）　売上代金に該当しないもの
　本来的に売上代金に該当しないものと、売上代金に該当するが印紙税法上売上代金から除外しているものに区分される。
　ポイントは、売上代金と同様に「対価性」を有するか、有しないかである。
　主なものとしては、以下のとおりである。

《無償契約》
　贈与等の無償契約は、資産を譲渡又は使用させる行為はあっても対価を生じないことから、売上代金とはならない。

《譲受資産の受取り》
　印紙税法上の売上代金は、対価として受け取るものであるから、譲り受けた資産又は借り入れる資産そのものの受取りは売上代金とはならない。

《担保物としての受取り》
　担保として金銭又は有価証券を受け取ったとしても、対価として受け取るものではないため、売上代金にはならない。
（例）・手形貸付の場合の担保手形の受取書
　　　・担保とする有価証券の受取書
　　　・保証金、敷金の受取書　等
　その他の例として、寄託物の受取り、出資金等の受取り、損害賠償金の受取り、割戻金の受取り等が売上代金に該当しないものとされる。

(注3) 売上代金から除外されるもの（株券の譲渡の対価等）

株券の譲渡の対価は、資産の譲渡の対価であるが、印紙税法においては金融商品取引法第2条第1項に規定する有価証券の譲渡の対価は、売上代金から除くこととされている（課税物件表第17号文書定義欄1）。

[まとめ]

受取金額の一部に売上代金を含む受取書及び受取金額の内容が明らかにされていない受取書に係る取扱いは、次のとおりである。

【受取金額の一部に売上代金を含む受取書】

① 受取書の記載金額を売上代金に係る金額とその他の金額とに区分することができるときは、売上代金に係る金額がその受取書の記載金額となる（通則4ハ一）。

② 受取書の記載金額を売上代金に係る金額とその他の金額とに区分することができないときは、その記載金額が受取書の記載金額となる（通則4ハ二）。

③ ②の場合に、その他の金額の一部だけ明らかにされているときは、その明らかにされている部分の金額を除いたものが、その受取書の記載金額となる（通則4ハ二）。

【受取金額の内容が明らかにされていない受取書】

受取金額の全部又は一部が売上代金であるかどうかが記載事項から明らかにされていない受取書は、売上代金に係る受取書とみなされる（課税物件表第17号文書定義欄1イ）。

参考

◆税率の適用（通則4ハ）

Q61の「参考」参照

相殺等に係る領収書

 取引先との間で、売掛金を自己の買掛金と相殺する場合があります。この場合、領収書を作成し相手方に交付しますが、金銭の受取書に該当しますか。
 また、売掛金の一部を前金で受け取った後、残金を領収する場合に交付する領収書の取扱いはどうなりますか。

【事例1】 売掛金と買掛金の同額を相殺

```
                                          令和○年2月6日
                     領 収 書

  ○○商事株式会社　殿
                    金3,000,000円

  上記金額を商品支払代金と相殺しました。
                                    ○○株式会社　㊞
```

【事例2】 当社売掛金の一部を相殺

```
                                        令和○年2月6日
                   領  収  書

   ○○商事株式会社　殿
                      金3,000,000円
             (当社売掛金のうち、2,000,000円は相殺します)

   上記金額のうち、相殺分以外を受領しました。
                                    ○○株式会社　㊞
```

【事例3】 内金を受領している旨の記載あり

```
                                        令和○年2月6日
                   領  収  書

   ○○商事株式会社　殿
                      金3,000,000円
               (うち、2,000,000円は内金にて受領済)

   上記金額を受領しました。
                                    ○○株式会社　㊞
```

【事例4】 相殺あるいは内金があるものの、文書にその旨の記載なし

```
                                            令和○年2月6日
                    領 収 書

 ○○商事株式会社　殿
                    金3,000,000円


 上記金額を受領しました。
                                        ○○株式会社　㊞
```

解答

　事例1は、「領収書」という文言があるものの、金銭の受領事実を証明するものではないため、第17号文書（金銭の受取書）には該当しない。

　事例2は、3,000,000円のうち、相殺分の2,000,000円は金銭を受領しているものではないため、記載金額には含めず、記載金額1,000,000円の第17号の1文書（売上代金に係る金銭の受取書）に該当する。

　事例3は、3,000,000円のうち、既に受領済みの内金2,000,000円を差し引いた1,000,000円が第17号の1文書の記載金額となる。

　事例4は、相殺あるいは内金が発生していたとしても、文書上にその旨の記載がないため、記載金額3,000,000円の第17号の1文書に該当する。

[検討1]　金銭又は有価証券の受取書とは

　第17号文書の金銭又は有価証券の受取書とは、金銭又は有価証券の引渡しを受けた者が、その受領事実を証明するため作成し、その引渡者に交付する単なる証拠証書をいう。

　したがって、文書の表題、形式がどのようなものであっても、また「相済」、「了」等の簡略な文言を用いたものであっても、その作成目的が当事者間で金銭又は有価証券の受領事実を証するものであるときは、第17号文

書に該当する。

[検討 2] 相殺に係る文書の取扱い

　売掛金等と買掛金等を相殺する場合に作成する領収書等と表示した文書で、当該文書に相殺による旨を明示しているものについては、第17号文書に該当しないものとして取り扱う。

　また、金銭又は有価証券の受取書に相殺に係る金額を含めて記載してあるものについては、当該文書の記載事項により相殺に係るものであることが明らかにされている金額は、記載金額として取り扱わないものとする。

[まとめ]

　第17号文書の金銭又は有価証券の受取書とは、金銭又は有価証券の引渡しを受けた者が、その受領事実を証明するために作成し、その引渡者に交付するものであることから、相殺のように金銭の受領事実がない場合は第17号文書の金銭の受取書には該当しない。また、金銭の受取書に相殺に係る金額を含めて記載してあるものについては、相殺に係る部分が明らかにされている金額は印紙税法上の記載金額に該当しない。

　さらに、受領済みの内金を含めて記載してあるものについては、内金が既に受領済みである旨が記載され、内金に係る部分が明らかにされている金額も記載金額には該当しない。

　逆に、たとえ相殺あるいは内金により受取書作成時に金銭の受領事実がない部分が含まれていたとしても、文書にその旨の記載がなければ全体を含めた金額が記載金額となる。

[節税のポイント]

　相殺等により、金銭の受領がないものについては、必ず領収書にその旨を記載することが肝要である。

権利金等の受領がある建物賃貸借契約書

　不動産賃貸業を営んでいます。建物賃貸借契約に当たり権利金等を受領した旨の記載がある契約書の場合には、第17号文書（金銭の受取書）として課税文書に該当する場合があるとのことですが、事例の場合はどうなりますか。

建物賃貸借契約書

　　　　　　　　　　　　　　　　　　　　　　　令和○年3月4日

　賃貸人（甲）　○○不動産㈱と賃借人（乙）　○○商店㈱は、建物の賃貸借をするために次のとおり契約する。

第1条　賃貸人（甲）は、その所有する下記建物を賃借人（乙）に賃貸し、賃借人（乙）はこれを賃借することを約した。
　所在地　○○県○○市○○町○○丁目○番○号　○○ビル5階フロア
第2条　月額賃料　100万円
第3条　権利金　100万円、敷金　200万円
　賃貸人（甲）は本日、権利金100万円及び預り敷金200万円を受領した。
第4条　本契約の契約期間は、令和○年4月1日から1年間とする。なお、期間満了の3か月前までに賃貸人（甲）及び賃借人（乙）の双方どちらかの申し出がない限り、本契約は自動更新するものとする。
《中　略》
　以上、本契約の証として本契約書2通を作成し、甲乙記名押印の上、各1通を保有するものとする。

　　　　賃貸人（甲）　○○不動産株式会社　代表取締役　○○○○　㊞
　　　　賃借人（乙）　○○商店株式会社　　代表取締役　○○○○　㊞

解答

　事例の建物賃貸借契約書には建物賃貸借に関する事項のほかに、権利金、敷金の受領文言の記載があることから、賃借人が所持する契約書については第17号文書（金銭の受取書）に該当する。

　なお、受領した金額のうち権利金は第17号の1文書（売上代金に係る金銭の受取書）に該当し、敷金は後日返還されるものであるため、第17号の2文書（売上代金以外の金銭の受取書）に該当することとなる。この場合、売上代金に係る部分と売上代金以外に係る部分に区分できることから、通則3ハの規定により、権利金の記載金額100万円の第17号の1文書に該当する。

[検討]　建物賃貸借契約のパターンごとの検討

① 賃貸借に関する事項のみが記載されているもの
  ・所持者：すべての者⇒不課税文書
② 権利金等の後日賃借人に返還されないものの受領文言の記載があるもの
  ・所持者：賃借人⇒第17号の1文書
  ・所持者：賃借人以外の者⇒不課税文書
③ 敷金、保証金等の後日賃借人に返還されるものの受領文言の記載があるもの
  ・所持者：賃借人⇒第17号の2文書
  ・所持者：賃借人以外の者⇒不課税文書
④ 上記②③の両方の金銭の受領文言の記載があるもの
  ・所持者：賃借人⇒第17号の1文書
  ・所持者：賃借人以外の者⇒不課税文書

　＊第17号の1文書と第17号の2文書に該当した場合には、最少の号数である第17号の1文書に該当する（通則3ハ）。

[まとめ]

　建物賃貸借契約の場合、賃貸借に関する事項のみが記載されているもの

は不課税文書に該当する。ただし、契約書のなかに金銭の受領文言等の記載がある場合は第17号文書に該当する。

この場合、課税文書となるのは賃貸人が賃借人に対して金銭の受領事実を証明するものであるため、賃借人が所持する文書が課税文書となり、賃貸人が所持する文書は不課税文書となる。また、この場合の納税義務者は賃貸人となる。

参考

◆敷金の預り証（基通別表一第14号文書 3 ）

3　家屋等の賃貸借に当たり、家主等が受け取る敷金について作成する預り証は、第14号文書（金銭の寄託に関する契約書）としないで、第17号文書（金銭の受取書）として取り扱う。

◆建設協力金、保証金の取扱い（基通別表一第 1 号の 3 文書 7 ）

Q35の「参考」参照

仮領収書等

当社は物品卸売会社です。

営業担当者が得意先への納品時に、品代を現金で領収する場合がありますが、その際には、営業担当者名で仮領収書を作成・交付し、後日、経理課において、正式な領収書を郵送にて交付しています。

この場合、仮領収書にも印紙の貼付が必要ですか。また、仮領収書の代わりに納品書に領収のスタンプ、あるいは名刺の裏に領収した旨の記入をして交付した場合はどうですか。

【事例1】 仮領収書

　　　　　　　　　　　　　　　　　　　　　　　令和〇年10月27日

〇〇商店　様

　　　　　　　　　　　　仮 領 収 書

　　　　　　　　　　　金　65,000円

上記金額を商品代金として受領しました。

　　　　　〇〇物品販売株式会社　営業太郎　㊞

【事例2】 納品書に領収のスタンプ

令和〇年10月27日

〇〇商店　様

納　品　書

番号	品　　名	数量	金　額
1	A商品　@10,000	5	50,000円
2	B商品　@ 5,000	3	15,000円
		合　計	65,000円

（スタンプ）営業太郎　R〇.10.27　領収

〇〇物品販売株式会社　印

【事例3】 名刺の裏に領収サイン

（名刺表）

〇〇物品販売株式会社　営業第1部

係長　営　業　太　郎

神奈川県横浜市中区〇〇
TEL：045-〇〇〇-〇〇〇〇

(名刺裏)

```
○○商店　様
R○. 10. 27
65,000円受け取りました。
　　　　　　㊞営業太郎
```

解答

　事例1～事例3は、すべて第17号の1文書（売上代金に係る金銭の受取書）に該当する。また、後日、経理課から郵送される領収書についても仮領収書等と同様に、金銭の受取書に該当する。

[検討1]　印紙税の課税対象は

　印紙税の取扱いとしては、金銭の受領の事実そのものではなく、金銭の受領の事実を証明する目的で作成される文書に対して課税対象としている。

　したがって、1つの受領事実に対して、数通の文書を作成し交付した場合、それが受領事実を証明する目的で作成されたものである限り、いずれも金銭の受取書に該当することとなる。

　事例の仮領収書等は、後日、経理課から正式に「領収書」が発行された後は不要となるが、それまでの間は有効なものであり、金銭の受取書に該当する。

　なお、印紙税法に「文書」の定義はされていないが、文書とは一般的には文字で書き記したもの、書き物、かきつけ、書類等が文書といわれている。また、紙だけにとどまらず、木片や布切れなどに課税事項を記した場合も印紙税法上の文書に該当する。

[検討2] 課税文書に該当する「金銭の受取書」とは

　印紙税の課税文書に該当する「金銭の受取書」とは、金銭を受領した者が金銭を支払った者に、金銭の受領事実を証明する目的で交付する文書であり、その文書の名称、呼称や形式的な記載文言によるのではなく、その記載文言の実質的な意義に基づいて判断する。したがって、**事例2**のように納品書に領収済みである旨の表示をしたり、**事例3**のように名刺の裏に手書きで受領金額を記載した場合であっても、金銭の受領事実を証明する目的であれば、「金銭の受取書」に該当することとなる。

[検討3] 作成者

　課税文書の作成者は、その作成した課税文書について、印紙税を納める義務がある。

　事例の仮領収書等には営業担当者名が記載されている。そのため、営業担当者が作成者となり、納税義務者となるのではないかと心配される向きもあるが、営業担当者は会社の従業員として会社の業務を遂行するために、売掛金を回収し、仮領収書等を作成・交付しているものであり、この場合の作成者は会社となる。

[まとめ]

　印紙税は文書を課税対象としており、文書を作成しなければ課税原因は発生しない。逆に、同じ内容の課税文書を数通作成すると、数通とも印紙を貼付しなければならない。また、領収書という名称もなく、名刺の裏にメモ程度に受領金額を記載して交付する場合などでも、金銭の受領の事実を証明する目的で作成される文書ということで課税文書に該当することがある。対外的に取引を行う際に作成する文書については、このような点にも留意する必要がある。

参考

◆**金銭又は有価証券の受取書の意義（基通別表一第17号文書1）**

Q58の「参考」参照

◆**仮受取書（基通別表一第17号文書３）**

3　仮受取書等と称するものであっても、金銭又は有価証券の受領事実を証明するものは、第17号文書（金銭又は有価証券の受取書）に該当する。

◆**作成者の意義（基通42）**

Q5の「参考」参照

Q67 介護サービス利用料金に係る領収書

　当社は介護サービス事業所です。利用者から介護サービスの利用料金を受領する際には、領収書を発行しています。この場合、同じ介護サービスを行っている事業所でも、事業所の組織形態によって領収書に収入印紙を貼付する事業者と貼付しなくてもよい事業者があると聞きました。当社は特定非営利活動法人（NPO法人）ですが、収入印紙は必要ですか。

【領収書例】

　　　○○○○　様

　　　　　　　通所介護サービス利用料領収書

サービス内容	単位	回数	単位計	利用者負担額
保険内サービス	○	○	○	○○○
その他費用	○	○	○	○○○
領収済額				○○○○

　上記金額正に受領いたしました。
　令和○年10月31日

　　　　　　　　　　　　　　　東京都○○区○○○○
　　　　　　　　　　　　　　　NPO法人○○○○　　㊞

解答

　介護サービス事業者が、介護サービスに係る利用料金を受領した場合に作成する領収書は、第17号の1文書（売上代金に係る金銭の受取書）に該当する。ただし、特定非営利活動法人（NPO法人）が作成する領収書は、営業に関しないものとして非課税となる。

[検討1]　受取書の範囲

　金銭又は有価証券の受取書は、債権者が作成する債務の弁済事実を証明するものに限らず、金銭又は有価証券の受領事実を証明するすべてのものをいう。

　介護サービスに係る利用料金を受領した場合に作成する領収書は、売上に係る金銭の受領事実を証明するものであり、第17号の1文書に該当する。

[検討2]　非課税文書

　第17号の1文書に該当したとしても、次の場合には非課税になる。

① 　地方公共団体そのものが作成者であるもの
② 　記載された受取金額が5万円未満のもの
③ 　営業に関しないもの

　　＊営業に関しないものとは、例えば、その領収書の作成者が公益法人（財団法人、社団法人、社会福祉法人又は医療法人等）及び特定非営利活動法人（NPO法人）等である場合が該当する。

[まとめ]

　NPO法人は特定非営利活動促進法により設立が認められた法人で、会社及び公益法人以外の私法人であり、営利を目的とせず、利益金又は剰余金の配当又は分配を行わないことから、営業者には該当しない。

　したがって、営業者に該当しないNPO法人が作成する受取書は、課税物件表第17号文書非課税物件欄2の規定により、営業に関しない受取書として非課税となる。

> 参考

◆非課税文書（法5）

第5条　別表第一の課税物件の欄に掲げる文書のうち、次に掲げるものには、印紙税を課さない。

　一　別表第一の非課税物件の欄に掲げる文書

　二　国、地方公共団体又は別表第二に掲げる者が作成した文書

　三　別表第三の上欄に掲げる文書で、同表の下欄に掲げる者が作成したもの

◆第17号文書非課税物件（課税物件表第17号文書非課税物件欄）

第2章参照

Q68 デビットカード取引による領収書

　当社は小売業者です。デビットカード取引（即時決済型）による代金決済を始めるに当たり、下記のような文書を交付したいと考えていますが、印紙税の取扱いはどうなりますか。

【事例1】　顧客の銀行口座から支払代金が引き落とされたことを確認するために交付するもの

```
           口座引落確認書
                         ○○小売店
   ○年○月○日
   商　品　○○○          88,000円
   下記の口座から引き落としいたし
 ました。
   金融機関名：○○○銀行
   口座番号：○○○○○○○
```

【事例2】　デビットカードを利用して買い物を行った顧客に領収書として交付するもの

```
              レシート
                         ○○小売店
   ○年○月○日
   商　品　○○○          80,000円
       消費税等            8,000円
   合　計                 88,000円
   現　金                      0円
   デビット取引           88,000円
```

【事例3】【事例2】と同様にデビットカードを利用して買い物を行った顧客に領収書として交付するもの（現金とデビット取引を併用して支払を受けた場合）

```
           レシート
                      ○○小売店
 ○年○月○日
 商　品　○○○            80,000円
     消費税等              8,000円
 合　　計                 88,000円
 現　　金                 40,000円
 デビット取引             48,000円
```

解答

　【事例1】は、小売店が銀行に代わって、デビットカードを利用して買い物を行った顧客に対して、預貯金口座から代金の引落しを確認した事実を通知する文書であり、金銭の受取書には該当しない。また、他の課税文書にも該当せず不課税文書となる。

　【事例2】は、デビットカードが即時決済型（顧客の預金口座から即時に代金が引落しされる）のものであり、第17号の1文書（売上代金に係る金銭の受取書）に該当し、記載金額は80,000円となる。

　【事例3】は、【事例2】と同様に17号の1文書に該当し、現金とデビットカードの合計金額80,000円が記載金額となる。

[検討]　顧客との間で金銭の授受を行わないのになぜ金銭の受取書に該当するのか

　即時決済型のデビットカードとは、銀行が消費者の預金口座から瞬時に引落しを行い、加盟店の預金口座に振り込まれることが確定されるものをいう。

　直接金銭の授受を行わないため、クレジットカードにおける信用取引と

混同しそうだが、デビットカード取引は即時決済を前提としているため、クレジットカードの場合とは異なる。

すなわち、顧客がATM等から引き出した現金を店舗で支払うという作業を省略しているに過ぎないと考えることができ、購入時に発行された領収書（レシート）は第17号の1文書に該当する。

なお、デビットカード取引には即時決済型の取引のほか、信用取引型（クレジットカード決済のシステムを利用した）のデビットカード取引がある。

信用取引型のデビットカード取引は、クレジットカード販売の場合と同じく信用取引により商品を引き渡すものであり、領収書等であっても金銭の受領事実はないため、第17号文書には該当せず、不課税文書となる。

[まとめ]
即時決済型のデビットカード取引の場合、領収書等の金額が5万円以上であれば、印紙税がかかることとなる。しかし、信用取引型のデビットカード取引は、クレジットカードによる決済と同様に不課税文書となる。ただし、その場合であっても、クレジットカード利用等である旨を領収書等に記載しないと、第17号の1文書に該当することとなる。

参考

◆金銭又は有価証券の受取書の意義（基通別表一第17号文書1）
Q58の「参考」参照
◆受取書の範囲（基通別表一第17号文書2）
2　金銭又は有価証券の受取書は、金銭又は有価証券の受領事実を証明するすべてのものをいい、債権者が作成する債務の弁済事実を証明するものに限らないのであるから留意する。

金銭の受取通帳と判取帳とは

不動産賃貸業を行っています。

毎月、家賃を現金にて徴収していますが、その際に家賃の受取通帳を作成して、現金受領の都度、受領印を押して借主に渡しています。

この場合、印紙税はかかりますか。また、かかる場合、印紙税額はいくらになりますか。

家賃受取通帳

○○号室　氏名：○○○○

受領年月日	金　　額	受領印	摘　要
令和X1年4月10日	40,000円	印	5月分
令和X1年5月8日	40,000円	印	6月分
令和X1年6月10日	40,000円	印	7月分
令和X1年7月10日	40,000円	印	8月分
令和X1年8月7日	40,000円	印	9月分

《中　略》

令和X2年4月8日	40,000円	印	5月分
令和X2年5月10日	40,000円	印	6月分
令和X2年6月10日	40,000円	印	7月分

解答

　家賃の受取通帳は、第17号の1文書（売上代金の金銭の受取書）により証されるべき事項を付け込んで証明するために作成する通帳であり、第19号文書（金銭の受取通帳）に該当する。作成日は令和X1年4月10日で、印紙税額は1冊につき400円となる。

　この場合、通帳を1年以上継続して使用しており、その通帳を作成した日（最初に付け込みをした日）から1年を経過した日以後最初の付け込みをした時に新たな通帳が作成されたとみなし、2年目の開始日である令和X2年4月8日にはさらに400円の印紙が必要となる。

　なお、第19号文書は、一定の事実を継続して付け込んで証明する目的で作成する文書であるため、付け込み証明する側、つまりこの場合は、家賃を受領する側が作成者（納税義務者）となる。

［検討1］　個々の金額が5万円未満の場合あるいは営業に関しない場合

　第19号文書には非課税規定がない。したがって、金銭又は有価証券の受取事実を付け込んで証明する目的で作成される受取通帳は、個々の金額が5万円未満の場合あるいは営業に関しないものであっても、課税文書に該当する（基通別表一第19号文書2）。

［検討2］　みなし作成

　前述のとおり、付け込みが1年以上継続する場合は、2年目の最初の付け込みをした時に、新たな通帳が作成されたとみなされる。また、第17号の1文書により証されるべき事項で、その付け込み金額が100万円を超えたときには、第17号の1文書が新たに作成されたとみなされる。したがって、例えば1回の受領が150万円だとすると、付け込みの際にさらに400円の収入印紙が必要となる。

［まとめ］

【第19号文書の意義】

　第19号文書とは、課税物件表の第1号、第2号、第14号又は第17号の課税事項のうち1又は2以上を付け込み証明する目的で作成する通帳で、第

18号文書に該当しないものをいい、これら以外の事項を付け込み証明する目的で作成する通帳は、第18号文書に該当するものを除き、課税文書に該当しない（基通別表一第19号文書1）。

また、預貯金通帳と金銭又は有価証券の受取通帳が1冊となった通帳のように、課税物件表の第18号文書に掲げる文書と同表第19号に掲げる文書に該当する文書は、第19号文書として取り扱うこととなる（基通11②）。

【第19号文書と第20号文書の違い】

第19号文書（金銭の受取通帳等）と第20号文書（判取帳）の違いは、第19号文書は1対1の当事者間における取引内容を付け込み証明するための通帳をいい、第20号文書は1対2以上の当事者の間で行われる取引内容の付け込み証明を行うものをいう。

商品代金受取通帳

株式会社　D　商店

受領年月日	受領者	金　額	受領印
令和X2年3月18日	㈱B商事	500,000円	印
令和X2年4月20日	㈱C物産	1,300,000円	印
令和X2年5月20日	㈱A会社	800,000円	印

なお、第19号文書の場合、一定の事実を付け込む側が作成者（納税義務者）となるが、第20号文書の判取帳は、一定の事実について取引相手から付け込み証明を受ける目的で作成する文書であるため、付け込み証明を受ける側（判取帳を所持している者）が作成者となり、1年ごとに4,000円の収入印紙が必要となる。

また、第19号文書と同じように、1年以上継続する場合は、2年目の最初の付け込みをした時に、新たな通帳が作成されたとみなされる。そのほか、この事例の場合でみると、第17号の1文書により証されるべき事項で、その付け込み金額が100万円を超えたときには、第17号の1文書が新

たに作成されたとみなされ、令和X2年4月20日の付け込みについて、新たに400円の収入印紙が必要となる。なお、この場合の作成者は、判取帳の納税義務者ではなく、付け込み証明した㈱C物産となる。

参考

◆第19号文書の意義及び範囲（基通別表一第19号文書1）

1 第19号文書とは、課税物件表の第1号、第2号、第14号又は第17号の課税事項のうち1又は2以上を付け込み証明する目的で作成する通帳で、第18号文書に該当しないものをいい、これら以外の事項を付け込み証明する目的で作成する通帳は、第18号文書に該当するものを除き、課税文書に該当しないのであるから留意する。

◆判取帳の範囲（基通別表一第20号文書1）

1 「判取帳」とは、課税物件表の第1号、第2号、第14号又は第17号の課税事項につき2以上の相手方から付け込み証明を受ける目的をもって作成する帳簿をいうのであるから、これら以外の事項につき2以上の相手方から付け込み証明を受ける目的をもって作成する帳簿は、課税文書に該当しない。

印紙税法第14条《過誤納の確認等》に規定する確認を受けることができるか争われた事例（平成12年1月26日裁決）

[概要]

　請求人が納付した「金銭消費貸借契約証書」と称する文書に係る印紙税について、借入が実行前に中止になり契約として成立していないことから、課税文書に該当せず印紙税の納税義務は生じないとして、請求人は印紙税過誤納確認申請書を原処分庁に提出した。

　しかし、原処分庁はあらかじめ当事者間に意思表示の合致があり、請求人が署名押印し銀行に差し入れた時にその納税義務は既に成立しているため、過誤納の確認をしないことの通知処分を行った。これに対し、請求人が同処分の全部の取消しを求めた事案である。

[争点]

① 金銭消費貸借契約証書の日付等は未記入で、借入の実行前に中止されたものは課税文書に該当するか。

② 金銭消費貸借契約の内容が実行されなくなったことは、過誤納の請求範囲の「使用する見込みのなくなった場合」に該当するか。

解答

[裁決結果]

　棄却（印紙税の納税義務は成立しており、過誤納の事実は存在しない。）

[基礎事実]

平成11年3月頃　　：請求人から借入の借換えをE信用金庫に対して申出。

平成11年4月末頃：融資はE信用金庫の部内手続きを経て、信用金庫本店

が承認。
平成11年5月6日：請求人らが契約証書に署名押印。
平成11年5月17日：請求人が担保物件の登記済権利証を提出。
平成11年5月21日：他に有利な借換えが可能となり、請求人が融資中止を申出。

[文書のイメージ]

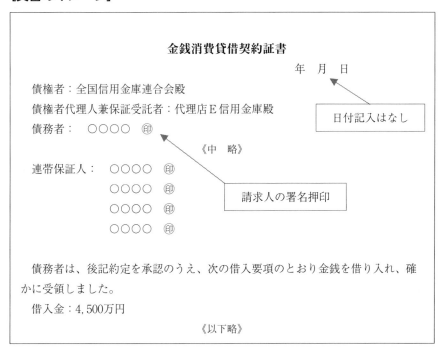

[事例のポイント]

① 「課税文書」に該当するか

【基礎事実】から、この文書に係る契約を成立させることについてはあらかじめ当事者間において、意思表示の合致があり、これを証明する目的でこの文書が作成されたことは明らかである。したがって、第1号の3文書（消費貸借に関する契約書）に該当する。

また、この文書の作成の時は、請求人が文書に署名押印をしてこれをE

信用金庫に差し入れた平成11年5月6日である。このことから、同日以降に文書に係る契約内容が実行されなかったといって納税義務が左右されることはない。

② 過誤納の請求範囲の「使用する見込みのなくなった場合」に該当するか

印紙税基本通達第115条の(2)には「印紙をはり付け、税印を押し、又は納付印を押した課税文書の用紙で、損傷、汚染、書損その他の理由により使用する見込みのなくなった場合」に過誤納の確認を請求することができるとされている。

この文書に係る契約を成立させることについては、あらかじめ当事者間に意思の合致があり、請求人はこれを証明する目的でこの文書に署名押印し、E信用金庫に差し入れており、ここでいう「使用する見込みがなくなった場合」には該当しない。

参考

◎国税不服審判所・公表裁決事例（印紙税関係）

「過誤納　平成12年1月26日裁決」

◆納税義務者（法3①）

Q5の「参考」参照

◆納税義務の成立及びその納付すべき税額の確定（国税通則法15②十一）

Q15の「参考」参照

◆契約書とは（通則5）

Q36の「参考」参照

◆確認及び充当の請求ができる過誤納金の範囲等（基通115(2)）

第115条　法第14条《過誤納の確認等》の規定により、過誤納の事実の確認及び過誤納金の充当の請求をすることができる場合は、次に掲げる場合とする。

《中　略》

(2) 印紙をはり付け、税印を押し、又は納付印を押した課税文書で、損傷、汚染、書損その他の理由により使用する見込みのなくなった場合

第17号文書の非課税規定にある「営業に関しない受取書」に該当するか否かが争われた事例（平成18年9月29日裁決）

[概要]

請求人が駐車場として賃貸していた所有地の売却により手付金及び残代金を受領して、領収書を作成した際に、印紙税を納付したが、非課税文書であったとして印紙税過誤納確認申請書を原処分庁に提出した。しかし、原処分庁が当該領収書は非課税文書には該当しないとして過誤納確認をしないことの通知処分を行ったことに対し、同処分の全部の取消しを求めた事案である。

[争点]

駐車場として賃貸していた土地の譲渡代金に係る領収書は、非課税文書である「営業に関しない受取書」に該当するか。

解答

[裁決結果]

棄却（第17号1文書に該当する。）

[基礎事実]

平成10年3月：甲が所有する土地を駐車場（30台分）として賃貸するために、業者に管理を委託する。

平成11年8月：甲の死亡により請求人である甲の妻らが土地を相続し、その後も引き続き駐車場として賃貸を行う。

平成13年6月：請求人が所有するマンション5戸を賃貸する。

平成16年　：請求人らは、本件土地に駐車台数45台分の区画を設け、引

平成16年10月：請求人らは、土地を売却し手付金を領収し、売却先に領収書を交付した。

平成16年11月：請求人らは、残代金を領収し、領収書を売却先に交付した。

［事例のポイント］

① 「営業に関しない受取書」に該当するか

　法別表第一課税物件表第17号の非課税物件欄2において、「営業に関しない受取書」は非課税物件と規定されている。ここでいう「営業」とは、一般に、利益を得ることを目的として同種の行為を反復継続することとされている。

　また、個人で営業を行う者が、個人の所有に係る資産を営業に供し、その資産を譲渡した場合には、営業者として営業に関連して行ったものであるか、個人の私的な財産の処分として行ったものかを区分し、後者の私的な財産の処分の場合の受取書については「営業に関しない受取書」に該当する。

② 「営業に関するもの」とされたポイント

・所有マンションを賃貸し、個人として不動産賃貸業を営むものである。
・駐車場としての需要があり、駐車場の規模が徐々に拡大された。
・駐車場として賃貸されていた土地を相続により取得した後も引き続き賃貸し、租税公課を含む必要経費の額を上回る賃料を得ていた。

　上記の内容からみると、賃貸は利益を得ることを目的として、継続的に行われており、営業に該当する。

　また、営業として賃貸を行いながら、売買契約を締結し、売却先に引き渡すまでこの土地を賃貸していたことから、営業用資産を譲渡した営業に関するものであり、土地の譲渡代金に係る領収書は非課税文書には当たらない。

> 参考

◎国税不服審判所・公表裁決事例（印紙税関係）

「課税物件／非課税となる「営業に関しない受取書」の意義　平成18年9月29日裁決」

◆**課税物件（法2）**

第2条　別表第1の課税物件の欄に掲げる文書には、この法律により、印紙税を課する。

◆**課税物件（課税物件表第17号文書物件名欄及び定義欄1）**

第2章参照

◆**非課税文書（法5①）**

Q67の「参考」参照

◆**非課税物件（課税物件表第17号文書非課税物件欄2）**

第2章参照

◆**定義（商法4①）**

第4条　この法律において「商人」とは、自己の名をもって商行為をすることを業とする者をいう。

◆**絶対的商行為（商法501一）**

第501条　次に掲げる行為は、商行為とする。

　一　利益を得て譲渡する意思をもってする動産、不動産若しくは有価証券の有償取得又はその取得したものの譲渡を目的とする行為

◆**営業的商行為（商法502一）**

第502条　次に掲げる行為は、営業としてするときは、商行為とする。ただし、専ら賃金を得る目的で物を製造し、又は労務に従事する者の行為は、この限りではない。

　一　賃貸する意思をもってする動産若しくは不動産の有償取得若しくは賃借又はその取得し若しくは賃借したものの賃貸を目的とする行為

◆**附属的商行為（商法503）**

第503条　商人がその営業のためにする行為は、商行為とする。

2　商人の行為は、その営業のためにするものと推定する。

Q72 印紙税法上の「判取帳」(第20号文書) に該当するか否かが争われた事例 (平成26年10月28日裁決)

[概要]

「お客様返金伝票」と題する伝票綴りが印紙税法上に規定する課税文書である「判取帳」(課税物件表の第20号) に該当するとして印紙税の過怠税の賦課決定処分を受けたことに対して、賦課決定処分の取消しを求めた事案である。

[文書のイメージ]

標題「お客様返金伝票」3枚1組複写式 (1枚目売場控、2枚目事務所控、3枚目商品貼付用) で100組綴りの冊子形態。

返品等受付事務に使用した結果、3枚1組複写のうち2枚目 (事務所控) 及び3枚目 (商品貼付用) の伝票は事務所控えなどとするために切り離され、1枚目の伝票 (売場控) のみが伝票綴りに綴られた状態で保管されている。

[争点]

① 「一の文書」に該当するか
② 「第17号に掲げる文書に証されるべき事項につき2以上の相手方から付込証明を受ける目的をもって作成」(第20号文書) されたものといえるか
③ 「帳簿」(課税物件表第20号) に当たるか否か
④ 「判取帳」に該当するか

解答

[裁決結果]

棄却（課税物件表20号に規定する判取帳に該当する。）

[事例のポイント]

① 「一の文書」に該当するか

　印紙税法における一の文書とは、その形態からみて１個の文書と認められるものをいい、文書の記載証明の形式、紙数の単複は問わない。

　したがって、本件各文書が冊子形態であるからといって、直ちに全体として一の文書といえるものではないが、「お客様返金伝票（売場控）」には切取り線がなく、お客様返金伝票のみが本件伝票綴りに綴られており、各伝票には、連番となった伝票番号が印字されていたこと等を踏まえ、お客様返品伝票（売場控）のみが残された伝票綴りは１冊の冊子として、その伝票綴り全体をもって「一の文書」に該当すると判断する。

② 「第17号に掲げる文書に証されるべき事項につき２以上の相手方から付込証明を受ける目的をもって作成」（第20号文書）されたものといえるか

　返品・商品交換の申出に対応する際には売場担当者は、お客様返金伝票に「受付日」、「お買上日」、「返品商品の金額」及び「返品理由」を記入し、現金を顧客に渡し「ご返金受領サイン」欄に署名がされる。

　顧客から返品伝票（売場控）に署名を受けることにより、顧客が返品した品物の代金額に相当する金銭を受領したことについて付け込み証明があったと認められる。また、顧客からも、返金された現金を受け取り、「ご返金受領サイン」欄に自ら署名することから、返品した代金相当額の金銭を受領したことを明らかにする趣旨で署名を行ったと認められる。

　したがって、課税物件表第17号に掲げる目的をもって作成されたものと認められる。

③ 「帳簿」（課税物件表第20号）に当たるか否か

　伝票綴りは、返品を希望する不特定多数の顧客に対して返金をする都

度、返金を受けた顧客から金銭を受領したことについて付け込み証明を受け、顧客の署名が記載されたお客様返金伝票（売場控）が綴られることが予定されていることから、継続的に顧客から金銭の受領について記載証明を受けることを目的として伝票綴りを使用している。

　したがって、伝票綴りを用いて作成された文書は、継続的又は連続的に、課税事項である金銭の受領事実を記載証明する目的で作成された文書であるから、課税物件表の第20号に規定する「帳簿」に該当する。

④　「判取帳」に該当するか

　当文書は、商品の販売という営業上の取引の一環として作成されたもので、金銭の受領事実を付け込んで証明する目的で作成する文書であり、第20号文書の「判取帳」に該当する。

> 参考

◎国税不服審判所・公表裁決事例（印紙税関係）
　「判取帳該当性　平成26年10月28日裁決」

◆一の文書の意義（基通5）
Q7の「参考」参照

◆判取帳の範囲（基通別表一第20号文書1）
Q69の「参考」参照

自然災害等により被害を受けられた方が作成する契約書の非課税措置

平成29年4月に租税特別措置法の一部が改正され、自然災害等により被害を受けた際に作成する契約書等に係る印紙税の非課税措置が設けられたとのことですが、どのような内容ですか。

また、この制度があることを知らず、契約書等に収入印紙を貼付してしまった場合には、何か救済措置はありますか。

解答

租税特別措置法の改正による非課税措置として下記の2点が設けられた。

1点目は平成28年4月1日以後に発生した自然災害によって滅失、又は損壊したことにより取り壊した建物の代替建物を取得する場合に、その被災者が作成する「不動産の譲渡等に関する契約書」及び「建設工事の請負に関する契約書」について、印紙税を非課税とする措置が設けられた。

2点目は地方公共団体や政府系金融機関等が、平成28年4月1日以後に発生した指定災害により被害を受けた方に対しての災害特別貸付けに係る「消費貸借に関する契約書」及び一定の金融機関が平成28年4月1日以後に発生した指定災害により、被災者を対象として、新たに設けた特別貸付制度の下で行う貸付けに際して作成される「消費貸借に関する契約書」について印紙税を非課税とする措置が設けられた。

また、非課税に該当していたにもかかわらず、印紙税を納付してしまった場合は、税務署において過誤納確認を受けることにより、納付された印紙税の還付を受けることができる。

(注1) 租特法第91条の2に規定する「自然災害」とは
　　　被災者生活再建支援法第2条第2号に規定する政令で定める自然災害をいい、被災者生活再建支援法第2条第1号において、自然災害とは、暴風、豪雨、豪雪、洪水、高潮、地震、津波、噴火その他の異常な自然現象により生じた被害のこととされている。このうちの、被災者生活再建支援法施行令第1条各号に該当する自然災害が非課税措置の対象となる。
(注2) 非課税措置の適用を受けることができる「被災者」とは（租特令52①②）
　　　非課税措置の適用を受けることができる「被災者」とは、次の者をいう。
　① 自然災害によりその所有する建物に被害を受けた者であることについて、その建物の所在地の市町村長又は特別区長から証明（り災証明等）を受けた者
　② 自然災害の被災者（個人）が①の証明を受けた後に死亡した場合、その者の相続人
　③ 自然災害の被災者（個人）が①の証明を受ける前に死亡した場合、その相続人であって、①の証明を受けた者
　④ 自然災害の被災者（法人）が①の証明を受けた後に合併により消滅した場合、その合併に係る合併法人
　⑤ 自然災害の被災者（法人）が①の証明を受けた後に分割により自然災害により被害を受けた建物に係る事業を承継させた場合、その分割に係る分割承継法人
　⑥ 自然災害の被災者（法人）が①の証明を受ける前に合併により消滅した場合、その合併法人であって①の証明を受けた者
　⑦ 自然災害の被災者（法人）で①の証明を受ける前に分割により自然災害により被害を受けた建物に係る事業を承継させた場合、その分割承継法人であって①の証明を受けた者
　（注） ②〜⑦の場合、それぞれの者に該当することが、契約書その他の書面（例：戸籍謄本、登記事項証明書（商業・法人登記）、合併契約書又は分割契約書）において明らかにされている必要がある。
(注3) 非課税措置の対象となる「指定災害」とは
　　　租特法第91の4に規定する「災害」とは、激甚災害に対処するための特別の財政援助等に関する法律第2条第1項の規定により激甚災害として指定され、同条第2項の規定により当該激甚災害に対して適用すべき措置として同法第12条に規定する措置が指定されたものをいう。

[**条件１**] 非課税措置の対象となる「不動産の譲渡に関する契約書」等の範囲

　非課税措置の対象となる「不動産の譲渡に関する契約書」又は「建設工事の請負に関する契約書」は、その自然災害の発生した日から同日以後５年を経過する日までの間に作成されるもので、以下の１～３すべての要件を満たすものである。

1　自然災害の「被災者」が作成するものであること
2　下記のいずれかの場合に作成されるものであること
　①　自然災害により滅失した建物又は損壊したため取り壊した建物が所在した土地を譲渡する場合
　②　自然災害により損壊した建物を譲渡する場合
　③　滅失等建物に代わる建物の敷地の用に供する土地を取得する場合
　④　代替建物を取得する場合
　⑤　代替建物を新築する場合
　⑥　損壊建物を修繕する場合
3　契約書に、自然災害によりその所有する建物に被害を受けたことについて市町村長等が証明した書類（り災証明書等）を添付していること

[**条件２**] 公的貸付機関等が行う特別貸付けに係る「消費貸借に関する契約書」の非課税

　印紙税が非課税とされる地方公共団体又は政府系金融機関等が行う特別貸付けに係る「消費貸借契約書」とは、下記の１から３までのすべての要件を満たす金銭の貸付けに関し作成される消費貸借契約書で、その指定災害の発生した日から同日以後５年を経過する日までの間に作成するものが非課税とされる。

1　貸付けを受ける者が指定災害により被害を受けた者であること
2　貸付けを行う者が、公的貸付機関等であること
3　他の金銭の貸付けの条件に比し特別に有利な条件で行う金銭の貸付けであること

[条件3] 一定の金融機関が行う特別貸付けに係る「消費貸借に関する契約書」の非課税

　印紙税が非課税とされる一定の金融機関が行う特別貸付けに係る「消費貸借契約書」とは、下記の1～4までのすべての要件を満たす金銭の貸付けに関し作成される消費貸借契約書で、その指定災害の発生した日から同日以後5年を経過する日までの間に作成するものが非課税とされる。
1　金銭の貸付けを行う者が「指定災害の被災者」であること
2　金銭の貸付けを行う者が、銀行、信用金庫など一定の金融機関であること
3　他の金銭の貸付けの条件に比し特別に有利な条件で行う金銭の貸付け（特別貸付け）であること
4　1について、市町村長等が証明した書類等を当該契約書に添付していること

[過誤納確認手続き]

　当措置は平成28年4月1日以後に発生した自然災害に係るものとされている。したがって、平成28年4月1日から改正の施行日の前日（平成29年3月31日）までの間に作成したものについて、印紙税が納付されている場合は、印紙税の過誤納があったものとみなされ、還付手続きの対象となる。

[還付手続き]

1　納税地の所轄税務署長の過誤納確認を受ける。
(注)　納税地とは、共同作成文書の場合、文書上に作成場所が記載されている場合を除き、文書の所持場所が納税地となる。
　　　また、共同作成文書でない場合は、文書上に作成場所が記載されている場合を除き、文書の作成者の住所地が納税地となる。

2　過誤納確認申請期間は、契約書の作成日から5年間行うことができる。
3　申請手続きは、過誤納確認申請書の提出とともに、非課税となる契約

書の原本及びり災証明書等の提示が必要となり、過誤納金は後日、申請者口座へ入金される。

【参考】 国税庁ホームページ
「[手続名] 印紙税過誤納 [確認申請・充当請求] 手続」

消費税率等引き上げに伴い作成される消費税額等増額分に係る変更契約書①

　消費税率等が2019年10月1日より8％から10％に引き上げられましたが、消費税率等引き上げに伴い消費税額等増額分の変更契約書を作成した場合の、印紙税の取扱いはどうなりますか。

［事例1］

変更契約書

　消費税率等が10％に引き上げられることにより、2019年4月20日付清掃請負契約に係る消費税額等を下記のとおり、変更いたします。
　変更前金額　　請負金額100万円　消費税額等8万円
　変更後金額　　請負金額100万円　消費税額等10万円

［事例2］

変更契約書

　消費税率等が10％に引き上げられることにより、2019年4月20日付清掃請負契約に係る請負金額を下記のとおり、変更いたします。
　変更前金額　　請負金額108万円
　変更後金額　　請負金額110万円

解答

　事例1は第2号文書（請負に関する契約書）に該当し、印紙税額は記載

金額なしの200円となる。

　事例2は事例1同様、第2号文書に該当し、印紙税額は記載金額2万円の200円となる。

[検討1]　変更契約書の記載金額

　変更契約書の記載金額は、変更前の契約金額を証明した契約書が作成されていることが明らかであり、かつ、変更金額が記載されている場合で、その変更金額が変更前の契約金額を増加させるものであるときは、その変更金額が変更契約書の記載金額となる。

　今回の事例は上記内容に該当した場合であり、上記の内容に該当しない場合は記載金額の取扱いが異なる。

[検討2]　消費税額等に関する記載金額の取扱い

　第1号文書、第2号文書及び第17号文書に消費税及び地方消費税の金額が区分記載されている場合又は税込価格及び税抜価格が記載されていることにより、その取引に当たって課されるべき消費税額等が明らかである場合には、消費税額等は記載金額に含めない（平成元年3月10日　間消3－2「消費税の改正等に伴う印紙税の取扱いについて」1）。

　したがって、記載金額に含めないとされている消費税額等が区分記載されている場合とは、以下のとおりである。

◆**消費税額等が区分記載されている例（消費税率等が10％に引き上げられた場合）**

　　イ　請負金額110万円　　税抜価格100万円　　消費税額等10万円
　　ロ　請負金額110万円　　うち消費税額等10万円
　　ハ　請負金額100万円　　消費税額等10万円　　計110万円

[検討3]　変更契約書の内容の変更とは

　印紙税法上の契約の内容の変更とは、既に存在している契約の同一性を失わせないでその内容を変更するものをいい、重要な事項（基通別表第2「重要な事項の一覧表」）を変更する契約書が課税対象とされている。

《第2号文書の重要な事項》
(1) 運送又は請負の内容（方法を含む。）
(2) 運送又は請負の期日又は期限
(3) 契約金額
(4) 取扱数量
(5) 単価
(6) 契約金額の支払方法又は支払期日
(7) 割戻金等の計算方法又は支払方法
(8) 契約期間
(9) 契約に付される停止条件又は解除条件
(10) 債務不履行の場合の損害賠償の方法

《第7号文書の重要な事項》
(1) 目的物の種類
(2) 取扱数量
(3) 単価
(4) 対価の支払方法
(5) 債務不履行の場合の損害賠償の方法又は再販売価格を定めるもの
(6) 契約期間（原契約の基本契約書を引用して契約期間を延長するものに限るものとし、当該延長をする期間が3か月以内であり、かつ、更新に関する定めのないものを除く。）

[まとめ]

　印紙税は文書課税であり、作成した文書に記載された内容により判断される。したがって、消費税額等が区分記載されている、又は税込価格及び税抜価格が記載されていることによって、その取引に当たって課されるべき消費税額等の金額が明らかである場合には、消費税額等を記載金額に含めないこととされている。

　消費税率が10％に引き上げられた場合に作成される変更契約書においても、考え方は変わらない。

消費税率等引き上げに伴い作成される消費税額等増額分に係る変更契約書②

　消費税率引き上げに伴い、基本契約書の契約金額等を変更する契約書を作成しましたが、印紙税の取扱いはどうなりますか。

[事例1]

清掃請負変更契約書

　消費税率等が10％に引き上げられることにより、2019年4月22日付清掃請負基本契約に係る消費税額等を下記のとおり、変更いたします。
　変更前金額　月額清掃金額10万8千円（うち消費税額等8千円）
　変更後金額　月額清掃金額11万円（うち消費税額等1万円）
《　以　下　略　》

（注）　原契約は清掃請負業務の基本契約で、第2号文書（請負に関する契約書）に該当すると同時に、継続的取引の基本となる契約でもあるため、第7号文書（継続的取引の基本となる契約書）にも該当するものとします。

[事例2]

物品売買変更契約書

　消費税率等が10％に引き上げられることにより、2019年4月22日付物品売買基本契約に係るA製品の単価を下記のとおり、変更いたします。
　【商品名】A製品
　変更前金額　単価10万8千円（うち消費税額8千円）
　変更後金額　単価11万円（うち消費税額1万円）

《以　下　略》

（注）　原契約は物品の売買基本契約で、継続的取引の基本となる契約であるため、第7号文書に該当するものとします。

解答

　事例1は第2号文書に該当し、印紙税額は記載金額なしの200円となる。
　事例2は不課税文書となる。

[検討1]　事例1の月額清掃金額は第2号、第7号文書の重要な事項に該当するか

　第2号文書の重要な事項には「契約金額」が定められている。消費税額等の変更は契約金額そのものを変更するものではないが、契約金額に付随するものであり、重要な事項に該当する。

　また、第7号文書の重要な事項には「単価」が定められているが、単価そのものを変更するものではないため、重要な事項には該当しない。

　したがって、事例1は第2号文書に該当することとなり、記載金額については契約金額そのものを変更するものではないため、記載金額なしの第2号文書に該当する。

　ただし、契約金額、単価に消費税額等が区分記載されていない場合は、契約金額、単価に変更があることとなるので注意が必要である。

[検討2] 事例2の単価は第7号文書の重要な事項に該当するか

　事例2の文書は、物品の譲渡に関する契約である。第7号文書の重要な事項の「単価」の変更に該当するかどうかであるが、[検討1]のとおり単価自体は変更がないため、重要な事項の変更には該当しない。このため、物品の譲渡に関する契約であり、第7号文書にも該当しないため、不課税文書となる。

　ただし、[検討1]と同様に、契約金額、単価に消費税額等が区分記載されていない場合は単価に変更があることとなるので注意が必要である。

[まとめ]

　第2号文書の非課税規定には、記載金額が1万円未満であれば非課税とする規定がある。このことから、消費税額等の金額を区分記載した場合の変更契約は記載金額がない第2号文書となるものの、消費税額等の具体的な金額が1万円未満の場合は非課税として取り扱われている。

　しかし、事例1の文書に記載の、新たに課される消費税額等の具体的な金額について、月額の消費税額等は明らかにされているが、原契約の残りの契約期間がわからないため、その総額は計算できない。したがって、この場合は第2号文書の1万円未満かどうかの非課税判定ができないため、非課税文書には該当しない。

参考

◆重要な事項の一覧表（第2号文書・第7号文書）

巻末資料参照

◆契約金額の意義（基通23(5)）

第23条　課税物件表の第1号、第2号及び第15号に規定する「契約金額」とは、次に掲げる文書の区分に応じ、それぞれ次に掲げる金額で、当該文書において契約の成立等に関し直接証明の目的となっているものをいう。

　《中　略》

(5)　第2号文書　請負金額

◆単価の意義（基通別表一第7号文書10）
Q50の「参考」参照

■印紙税法基本通達別表第二　重要な事項の一覧表

　印紙税法基本通達第12条《契約書の意義》、第17条《契約の内容の変更の意義等》、第18条《契約の内容の補充の意義等》及び第38条《追記又は付け込みの範囲》の「重要な事項」とは、おおむね次に掲げる文書の区分に応じ、それぞれ次に掲げる事項（それぞれの事項と密接に関連する事項を含む。）をいう。

1　第1号の1文書
　　第1号の2文書のうち、地上権又は土地の賃借権の譲渡に関する契約書
　　第15号文書のうち、債権譲渡に関する契約書

(1)目的物の内容、(2)目的物の引渡方法又は引渡期日、(3)契約金額、(4)取扱数量、(5)単価、(6)契約金額の支払方法又は支払期日、(7)割戻金等の計算方法又は支払方法、(8)契約期間、(9)契約に付される停止条件又は解除条件、(10)債務不履行の場合の損害賠償の方法

2　第1号の2文書のうち、地上権又は土地の賃借権の設定に関する契約書

(1)目的物又は被担保債権の内容、(2)目的物の引渡方法又は引渡期日、(3)契約金額又は根抵当権における極度金額、(4)権利の使用料、(5)契約金額又は権利の使用料の支払方法又は支払期日、(6)権利の設定日若しくは設定期間又は根抵当権における確定期日、(7)契約に付される停止条件又は解除条件、(8)債務不履行の場合の損害賠償の方法

3　第1号の3文書

(1)目的物の内容、(2)目的物の引渡方法又は引渡期日、(3)契約金額（数量）、(4)利率又は利息金額、(5)契約金額（数量）又は利息金額の返還（支払）方法又は返還（支払）期日、(6)契約期間、(7)契約に付される停止条件又は解除条件、(8)債務不履行の場合の損害賠償の方法

4　第1号の4文書
　　第2号文書

(1)運送又は請負の内容（方法を含む。）、(2)運送又は請負の期日又は期限、(3)契約金額、(4)取扱数量、(5)単価、(6)契約金額の支払方法又は支払期日、(7)割戻金等の計算方法又は支払方法、(8)契約期間、(9)契約に付される停止条件又は解除条件、(10)債務不履行の場合の損害賠償の方法

5　第7号文書

(1)令第26条《継続的取引の基本となる契約書の範囲》各号に掲げる区分に応じ、当該各号に掲げる要件、(2)契約期間（令第26条各号に該当する文書を引用して契約期間を延長するものに限るものとし、当該延長する期間が3か月以内であり、かつ、更新に関する定めのないものを除く。）

6　第12号文書

(1)目的物の内容、(2)目的物の運用の方法、(3)収益の受益者又は処分方法、(4)元本の受益者、(5)報酬の金額、(6)報酬の支払方法又は支払期日、(7)信託期間、(8)契約に付される停止条件又は解除条件、(9)債務不履行の場合の損害賠償の方法

7　第13号文書

(1)保証する債務の内容、(2)保証の種類、(3)保証期間、(4)保証債務の履行方法、(5)契約に付される停止条件又は解除条件

8　第14号文書

(1)目的物の内容、(2)目的物の数量（金額）、(3)目的物の引渡方法又は引渡期日、(4)契約金額、(5)契約金額の支払方法又は支払期日、(6)利率又は利息金額、(7)寄託期間、(8)契約に付される停止条件又は解除条件、(9)債務不履行の場合の損害賠償の方法

9　第15号文書のうち、債務引受けに関する契約書

(1)目的物の内容、(2)目的物の数量（金額）、(3)目的物の引受方法又は引受期日、(4)契約に付される停止条件又は解除条件、(5)債務不履行の場合の損害賠償の方法

■印紙税額一覧表 〔10万円以下又は10万円以上………10万円は含まれます。
                        10万円を超え又は10万円未満……10万円は含まれません。〕

令和2年4月現在

番号	文書の種類（物件名）	印紙税額（1通又は1冊につき）	主な非課税文書
	1　不動産、鉱業権、無体財産権、船舶若しくは航空機又は営業の譲渡に関する契約書 　（注）　無体財産権とは、特許権、実用新案権、商標権、意匠権、回路配置利用権、育成者権、商号及び著作権をいいます。 　（例）　不動産売買契約書、不動産交換契約書、不動産売渡証書など 2　地上権又は土地の賃借権の設定又は譲渡に関する契約書 　（例）　土地賃貸借契約書、土地賃料変更契約書など 3　消費貸借に関する契約書 　（例）　金銭借用証書、金銭消費貸借契約書など 4　運送に関する契約書 　（注）　運送に関する契約書には、傭船契約書を含み、乗車券、乗船券、航空券及び送り状は含まれません。 　（例）　運送契約書、貨物運送引受書など	記載された契約金額が 　　10万円以下のもの　　　　　　　　　　　200円 　　10万円を超え　50万円以下のもの　　　　400円 　　50万円を超え　100万円以下　〃　　　　1千円 　　100万円を超え　500万円以下　〃　　　　2千円 　　500万円を超え　1千万円以下　〃　　　　1万円 　　1千万円を超え　5千万円以下　〃　　　　2万円 　　5千万円を超え　1億円以下　〃　　　　　6万円 　　1億円を超え　5億円以下　〃　　　　　10万円 　　5億円を超え　10億円以下　〃　　　　　20万円 　　10億円を超え　50億円以下　〃　　　　　40万円 　　50億円を超えるもの　　　　　　　　　　60万円 契約金額の記載のないもの　　　　　　　　　　200円	記載された契約金額が1万円未満（※）のもの ※　第1号文書と第3号から第17号文書とに該当する文書で第1号文書に所属が決定されるものは、記載された契約金額が1万円未満であっても非課税文書となりません。
1	上記の1に該当する「不動産の譲渡に関する契約書」のうち、平成9年4月1日から令和4年3月31日までの間に作成されるものについては、契約書の作成年月日及び記載された契約金額に応じ、右欄のとおり印紙税額が軽減されています。 　（注）　契約金額の記載のないものの印紙税額は、本則どおり200円となります。	【平成26年4月1日～令和4年3月31日】 記載された契約金額が 　　50万円以下のもの　　　　　　　　　　　200円 　　50万円を超え　100万円以下のもの　　　　500円 　　100万円を超え　500万円以下　〃　　　　1千円 　　500万円を超え　1千万円以下　〃　　　　5千円 　　1千万円を超え　5千万円以下　〃　　　　1万円 　　5千万円を超え　1億円以下　〃　　　　　3万円 　　1億円を超え　5億円以下　〃　　　　　　6万円 　　5億円を超え　10億円以下　〃　　　　　16万円 　　10億円を超え　50億円以下　〃　　　　　32万円 　　50億円を超えるもの　　　　　　　　　　48万円 【平成9年4月1日～平成26年3月31日】 記載された契約金額が 　　1千万円を超え　5千万円以下のもの　　　1万5千円 　　5千万円を超え　1億円以下　〃　　　　　4万5千円 　　1億円を超え　5億円以下　〃　　　　　　8万円 　　5億円を超え　10億円以下　〃　　　　　18万円 　　10億円を超え　50億円以下　〃　　　　　36万円 　　50億円を超えるもの　　　　　　　　　　54万円	
	請負に関する契約書 　（注）　請負には、職業野球の選手、映画（演劇）の俳優（監督・演出家・プロデューサー）、プロボクサー、プロレスラー、音楽家、舞踊家、テレビジョン放送の演技者（演出家、プロデューサー）が、その者としての役務の提供を約することを内容とする契約を含みます。 　（例）　工事請負契約書、工事注文請書、物品加工注文請書、広告契約書、映画俳優専属契約書、請負金額変更契約書など	記載された契約金額が 　　100万円以下のもの　　　　　　　　　　　200円 　　100万円を超え　200万円以下のもの　　　400円 　　200万円を超え　300万円以下　〃　　　　1千円 　　300万円を超え　500万円以下　〃　　　　2千円 　　500万円を超え　1千万円以下　〃　　　　1万円 　　1千万円を超え　5千万円以下　〃　　　　2万円 　　5千万円を超え　1億円以下　〃　　　　　6万円 　　1億円を超え　5億円以下　〃　　　　　10万円 　　5億円を超え　10億円以下　〃　　　　　20万円 　　10億円を超え　50億円以下　〃　　　　　40万円 　　50億円を超えるもの　　　　　　　　　　60万円 契約金額の記載のないもの　　　　　　　　　　200円	記載された契約金額が1万円未満（※）のもの ※　第2号文書と第3号から第17号文書とに該当する文書で第2号文書に所属が決定されるものは、記載された契約金額が1万円未満であっても非課税文書となりません。
2	上記の「請負に関する契約書」のうち、建設業法第2条第1項に規定する建設工事の請負に係る契約に基づき作成されるもので、平成9年4月1日から令和4年3月31日までの間に作成されるものについては、契約書の作成年月日及び記載された契約金額に応じ、右欄のとおり印紙税額が軽減されています。 　（注）　契約金額の記載のないものの印紙税額は、本則どおり200円となります。	【平成26年4月1日～令和4年3月31日】 記載された契約金額が 　　200万円以下のもの　　　　　　　　　　　200円 　　200万円を超え　300万円以下のもの　　　500円 　　300万円を超え　500万円以下　〃　　　　1千円 　　500万円を超え　1千万円以下　〃　　　　5千円 　　1千万円を超え　5千万円以下　〃　　　　1万円 　　5千万円を超え　1億円以下　〃　　　　　3万円 　　1億円を超え　5億円以下　〃　　　　　　6万円 　　5億円を超え　10億円以下　〃　　　　　16万円 　　10億円を超え　50億円以下　〃　　　　　32万円 　　50億円を超えるもの　　　　　　　　　　48万円 【平成9年4月1日～平成26年3月31日】 記載された契約金額が 　　1千万円を超え　5千万円以下のもの　　　1万5千円 　　5千万円を超え　1億円以下　〃　　　　　4万5千円 　　1億円を超え　5億円以下　〃　　　　　　8万円 　　5億円を超え　10億円以下　〃　　　　　18万円 　　10億円を超え　50億円以下　〃　　　　　36万円 　　50億円を超えるもの　　　　　　　　　　54万円	

番号	文書の種類（物件名）	印紙税額（1通又は1冊につき）	主な非課税文書
3	約束手形、為替手形 （注）1　手形金額の記載のない手形は非課税となりますが、金額を補充したときは、その補充をした人がその手形を作成したものとみなされ、納税義務者となります。 2　振出人の署名のない白地手形（手形金額の記載のないものは除きます。）で、引受人やその他の手形当事者の署名のあるものは、引受人やその他の手形当事者がその手形を作成したことになります。	記載された手形金額が 　10万円以上　100万円以下のもの　　200円 　100万円を超え　200万円以下　　〃　　400円 　200万円を超え　300万円以下　　〃　　600円 　300万円を超え　500万円以下　　〃　　1千円 　500万円を超え　1千万円以下　　〃　　2千円 　1千万円を超え　2千万円以下　　〃　　4千円 　2千万円を超え　3千万円以下　　〃　　6千円 　3千万円を超え　5千万円以下　　〃　　1万円 　5千万円を超え　1億円以下　　　〃　　2万円 　1億円を超え　　2億円以下　　　〃　　4万円 　2億円を超え　　3億円以下　　　〃　　6万円 　3億円を超え　　5億円以下　　　〃　　10万円 　5億円を超え　　10億円以下　　　　　　15万円 　10億円を超えるもの　　　　　　　　　　20万円	1　記載された手形金額が10万円未満のもの 2　手形金額の記載のないもの 3　手形の複本又は謄本
	①一覧払のもの、②金融機関相互間のもの、③外国通貨で金額を表示したもの、④非居住者円表示のもの、⑤円建銀行引受手形	200円	
4	株券、出資証券若しくは社債券又は投資信託、貸付信託、特定目的信託若しくは受益証券発行信託の受益証券 （注）1　出資証券には、投資証券を含みます。 2　社債券には、特別の法律により法人の発行する債券及び相互会社の社債券を含みます。	記載された券面金額が 　500万円以下のもの　　　　　　　　　　200円 　500万円を超え　1千万円以下のもの　　1千円 　1千万円を超え　5千万円以下　〃　　　2千円 　5千万円を超え　1億円以下　　〃　　　1万円 　1億円を超えるもの　　　　　　　　　　2万円 （注）　株券、投資証券については、1株（1口）当たりの払込金額に株数（口数）を掛けた金額を券面金額とします。	1　日本銀行その他特定の法人の作成する出資証券 2　譲渡が禁止されている特定の受益証券 3　一定の要件を満たしている額面株式の株券の無効手続に伴い新たに作成する株券
5	合併契約書又は吸収分割契約書若しくは新設分割計画書 （注）1　会社法又は保険業法に規定する合併契約を証する文書に限ります。 2　会社法に規定する吸収分割契約書又は新設分割計画を証する文書に限ります。	4万円	
6	定　款 （注）　株式会社、合名会社、合資会社、合同会社又は相互会社の設立のときに作成される定款の原本に限ります。	4万円	株式会社又は相互会社の定款のうち公証人法の規定により公証人の保存するもの以外のもの
7	継続的取引の基本となる契約書 （注）　契約期間が3か月以内で、かつ、更新の定めのないものは除きます。 （例）　売買取引基本契約書、特約店契約書、代理店契約書、業務委託契約書、銀行取引約定書など	4千円	
8	預金証書、貯金証書	200円	信用金庫その他特定の金融機関の作成するもので記載された預入額が1万円未満のもの
9	倉荷証券、船荷証券、複合運送証券 （注）　法定記載事項の一部を欠く証書で類似の効用があるものを含みます。	200円	
10	保険証券	200円	
11	信　用　状	200円	
12	信託行為に関する契約書 （注）　信託証書を含みます。	200円	
13	債務の保証に関する契約書 （注）　主たる債務の契約書に併記するものは除きます。	200円	身元保証ニ関スル法律に定める身元保証に関する契約書
14	金銭又は有価証券の寄託に関する契約書	200円	
15	債権譲渡又は債務引受けに関する契約書	記載された契約金額が1万円以上のもの　　200円 契約金額の記載のないもの　　　　　　　　200円	記載された契約金額が1万円未満のもの
16	配当金領収証、配当金振込通知書	記載された配当金額が3千円以上のもの　　200円 配当金額の記載のないもの　　　　　　　　200円	記載された配当金額が3千円未満のもの

番号	文書の種類（物件名）	印紙税額（1通又は1冊につき）	主な非課税文書
17	1　売上代金に係る金銭又は有価証券の受取書 　（注）1　売上代金とは、資産を譲渡することによる対価、資産を使用させること（権利を設定することを含みます。）による対価及び役務を提供することによる対価をいい、手付けを含みます。 　　　　2　株券等の譲渡代金、保険料、公社債及び預貯金の利子などは売上代金から除かれます。 　（例）商品販売代金の受取書、不動産の賃貸料の受取書、請負代金の受取書、広告料の受取書など	記載された受取金額が 　　100万円以下のもの　　　　　　　　　　200円 　　100万円を超え　200万円以下のもの　　400円 　　200万円を超え　300万円以下　〃　　　600円 　　300万円を超え　500万円以下　〃　　　1千円 　　500万円を超え　1千万円以下　〃　　　2千円 　　1千万円を超え　2千万円以下　〃　　　4千円 　　2千万円を超え　3千万円以下　〃　　　6千円 　　3千万円を超え　5千万円以下　〃　　　1万円 　　5千万円を超え　1億円以下　　〃　　　2万円 　　1億円を超え　　2億円以下　　〃　　　4万円 　　2億円を超え　　3億円以下　　〃　　　6万円 　　3億円を超え　　5億円以下　　〃　　　10万円 　　5億円を超え　　10億円以下　　　　　　15万円 　　10億円を超えるもの　　　　　　　　　　20万円 　　受取金額の記載のないもの　　　　　　200円	次の受取書は非課税 1　記載された受取金額が<u>5万円未満（※）</u>のもの 2　営業に関しないもの 3　有価証券、預貯金証書など特定の文書に追記した受取書 ※　平成26年3月31日までに作成されたものについては、記載された受取金額が3万円未満のものが非課税とされていました。
	2　売上代金以外の金銭又は有価証券の受取書 　（例）借入金の受取書、保険金の受取書、損害賠償金の受取書、補償金の受取書、返還金の受取書など	200円	
18	預金通帳、貯金通帳、信託通帳、掛金通帳、保険料通帳	1年ごとに　　　　　　　　　　　　　　200円	1　信用金庫など特定の金融機関の作成する預貯金通帳 2　所得税が非課税となる普通預金通帳など 3　納税準備預金通帳
19	消費貸借通帳、請負通帳、有価証券の預り通帳、金銭の受取通帳などの通帳 　（注）18に該当する通帳を除きます。	1年ごとに　　　　　　　　　　　　　　400円	
20	判　取　帳	1年ごとに　　　　　　　　　　　　　　4千円	

◆著者紹介

山端 美德（やまはた・よしのり）

税理士、行政書士、ファイナンシャルプランナー（AFP）
国税庁長官官房事務管理課、東京国税局課税第二部調査部門（間接諸税担当）、東京国税局課税第二部消費税課等を経て
2008年　税理士登録
2010年　行政書士、ファイナンシャルプランナー（AFP）登録

【著書等】
・『徹底ガイド　国税　税務申請・届出手続のすべて』共著（清文社）
・『建設業・不動産業に係る印紙税の実務』（税務研究会）
・『間違うと痛い！！　印紙税の実務Q＆A』共著（大蔵財務協会）
・『税制改正経過一覧ハンドブック』共著（大蔵財務協会）
・『経営に活かす税務の数的基準』共著（大蔵財務協会）

新版／文書類型でわかる　印紙税の課否判断ガイドブック

2020年12月15日　発行

編著者	山端 美德 ⓒ
発行者	小泉 定裕
発行所	株式会社 清文社

東京都千代田区内神田1-6-6（MIFビル）
〒101-0047　電話03(6273)7946　FAX03(3518)0299
大阪市北区天神橋2丁目北2-6（大和南森町ビル）
〒530-0041　電話06(6135)4050　FAX06(6135)4059
URL http://www.skattsei.co.jp/

印刷：亜細亜印刷㈱

■著作権法により無断複写複製は禁止されています。落丁本・乱丁本はお取り替えします。
■本書の内容に関するお問い合わせは編集部までFAX（03-3518-8864）でお願いします。
■本書の追録情報等は、当社ホームページ（http://www.skattsei.co.jp/）をご覧ください。

ISBN978-4-433-73490-9